*Johannes Frischauf*

# Grundriss der theoretischen Astronomie und der Geschichte der Planetentheorien

Johannes Frischauf

**Grundriss der theoretischen Astronomie und der Geschichte der Planetentheorien**

ISBN/EAN: 9783955623036

Auflage: 1

Erscheinungsjahr: 2013

Erscheinungsort: Bremen, Deutschland

bremen
university
press

# Grundriss

der

# theoretischen Astronomie

und der

## Geschichte der Planetentheorien

von

## Johannes Frischauf.

Graz,

Leuschner & Lubensky,

k. k. Univ.-Buchhandlung.

1871.

# Vorwort.

Die freundliche Aufnahme, welche meine vor drei Jahren erschienene „Theorie der Bewegung der Himmelskörper" erfuhr, und die Aufforderung von Seite der Verlagshandlung zur Bearbeitung einer neuen Auflage ermunterten mich dieselbe durch eine Reihe von Arbeiten aus dem Gebiete der theoretischen Astronomie, mit welchen ich mich mehrere Jahre hindurch beschäftigt hatte, zum vorliegenden „Grundriss" zu ergänzen. Uebrigens habe ich den unter dem oben erwähnten Titel erschienenen Theil, dessen Inhalt hauptsächlich in der Gauss'schen Bahnbestimmung aus drei Orten und der Olbers'chen Methode besteht, durch weitläufigere Ausführung der Zwischenrechnungen, Erläuterung einzelner dunkler Stellen, Vermehrung der Beispiele und Anmerkungen vollständig umgearbeitet. In den hinzugefügten Parthien ist die Gauss'sche Bahnbestimmung aus vier Orten, die Bahnbestimmungen aus einer grösseren Reihe von Beobachtungen, die Berücksichtigung der Correctionen und der Störungen und endlich die Geschichte der Planetentheorien gegeben. Die Aufnahme der Gauss'schen Bahnbestimmung aus vier Orten konnte um so leichter geschehen, da ich bereits in meiner Th. d. B. die Bahnbestimmung aus drei Orten nach dieser Methode umgeformt hatte. Die Berechnung der speciellen Störungen nach Encke dürfte auch in nicht astronomischen Kreisen, in welchen sie vielleicht wenig bekannt sein dürfte, Beachtung finden. Hinsichtlich der Geschichte der Planetentheorien habe ich mir zum Zweck gesetzt, die leider so wenig bekannte Entdeckungsgeschichte der Keppler'schen Gesetze weiteren Kreisen zugänglich zu machen und in das Studium der Keppler'schen Werke, welches gegenwärtig durch die treffliche Gesammtausgabe von Chr. Frisch sehr erleichtert ist, einzuführen. Für das Verständniss dieser Entdeckungsgeschichte ist jedoch auch die Darstellung der Theorien von Ptolemäus und Kopernikus unerlässlich. Ueber die Würdigkeit der Aufnahme dieses Theils war ich nicht einen Moment im Zweifel; ich glaube sogar, dass diese Parthien dem Interessantesten in der Geschichte der Wissenschaften anzureihen seien.

Getreu der ursprünglichen Bestimmung meiner Th. d. B., dieses Buch Studierenden der mathematischen Physik zu widmen, habe ich Manches für den Fach-Astronomen Interessante absichtlich unterdrückt. Solches kann leicht aus den Quellen oder Zeitschriften nachgelesen werden.

Die dem Inhalts-Verzeichnisse — dessen Bearbeitung ich Herrn Albert v. Ettingshausen, Assistent der Physik an der hiesigen Universität, verdanke — beigegebene Literatur-Angabe bezieht sich nur auf die bei der Ausarbeitung dieses Buches benutzten Schriften.

Bei der Correctur fand ich überdies an den Herren Albert v. Ettingshausen und Johann Gerst die freundlichste Unterstützung, wofür ich ihnen meinen innigsten Dank ausspreche.

Graz, im März 1871.

**J. Frischauf.**

# Inhalt.

## Literatur.

[1] Das erste und zweite Keppler'sche Gesetz ist enthalten in der „Astronomia
nova . . . a Joanne Keplero" 1609 (gedruckt zu Heidelberg), das dritte Gesetz
in des „Joannis Keppleri Harmonices mundi libri V, Lincii, 1619." III. u. V.
Band der Frisch'schen Ausgabe.

[2] Eine andere Ableitung der Gleichung (7) gibt Möbius, Elemente der Mechanik
des Himmels, Leipzig, 1843. Die hier gegebene Ableitung dieser Gleichung
ist die Uebertragung des Vorganges von Keppler.

[3] Gauss, Theoria motus corporum coelestium in sectionibus conicis solem
ambientium, Hamburgi, 1809. (Deutsch von Haase, 1865).

[4] Olbers, Abhandlung über die leichteste und bequemste Methode die Bahn
eines Kometen zu berechnen. Zum ersten mal von F. v. Zach, Weimar, 1797,
zum zweiten male von Encke 1847 und zum dritten male von Galle 1864,
enthält nebst andern Hülfs-Tafeln die Barker'sche Tafel in vollständiger
Weise.

---

5) Lösung von **Gauss**. Eine genäherte Lösung dieser wichtigen Aufgabe enthält bereits Euler's Theoria motuum planetarum et cometarum, Berolini 1744. (Deutsch von **Pacassi**, Wien, 1781).
6) **Encke**, Berliner astronomisches Jahrbuch für 1833.
7) **Gauss**, Theoria motus, art. 82.
8) **Gauss**, Theoria motus, zweiter Abschnitt des 1. B.
9) **Gauss**, Theoria motus, vierter Abschnitt des 1. B. und **Encke**, Berl. astr. J. für 1854.

## Zweiter Theil.

## Bahnbestimmung der Planeten und Kometen.

### Erster Abschnitt.

Bestimmung einer elliptischen Bahn aus drei
geocentrischen Beobachtungen[10]).

### Zweiter Abschnitt.

Bestimmung einer parabolischen Bahn aus drei
geocentrischen Beobachtungen nach der Methode
von Olbers[11]).

---

10) Die einleitenden Bemerkungen des Art. 15 sind nach Gauss Theoria motus,
art. 115, 131—135, die Umformung der Gleichung (1) durch die Grössen J und K
nach Encke Berl. astr. J. für 1854 gegeben. Die Einführung der Grössen
P und Q rührt von Gauss her. Die Lösung in dem Art. 16 ist dem
Gauss'schen Vorgange der Bahnbestimmung aus vier Orten angepasst.

11) Olbers, Abhandlung ... und Encke, Berl. astr. J. für 1833.

---

12) **Gauss**, Theoria motus, zweiter Abschnitt des 2. B.
13) **Brünnow**, Lehrbuch der sphärischen Astronomie, Berlin 1852; zweite Auflage
1862 und **Gauss**, Theoria motus, zweiter Abschnitt, und Beispiel art. 150.
14) **Frischauf**, Bahnbestimmung des Planeten Asia. Sitzungsberichte der kais.
Akademie der W. Band LIII. **Gauss**, Theoria motus. **Euler**, Theoria motuum. **Olbers**, Abhandlung.

---

15) Encke, Berl. astr. J. für 1837, 1838, 1857, 1858. Ueber die bei den Störungsrechnungen angewandte Quadratur vergl. Encke in den Berl. astr. J. für 1837,
1858, 1862 und Airy, Nautical-Almanac für 1856. Nach einer Mittheilung
Encke's sind diese Formeln der mechanischen Quadratur von Gauss.

16) Κλαυδίου Πτολεμαίου Μαθηματικη Συνταξις. Dieses unter dem Namen Almagest bekannte Werk enthält die gesammte Astronomie der Griechen zu den
Zeiten des Ptolemäus, der im Mittelalter mit Aristoteles gleiches Ansehen
hatte. Der Name Almagest stammt aus dem arabischen. Die erste lateinische
Uebersetzung erschien 1515 zu Venedig. Das griechische Original mit dem
Commentar von Theon 1538 zu Basel. Die beste Ausgabe (mit Anmerkungen
von Delambre) griechisch und französisch ist die von M. Halma, Paris, der
erste Band erschien 1813, der zweite 1816.

Gute und übersichtliche Darstellungen des Almagest sind enthalten in:
  1) Riccioli, G. B., Almagestum novum 2 vol. Bononiae 1651; brauchbar
  für die gesammte Literatur.

### Zweiter Abschnitt.

#### Neuere Theorien.

a) Kopernikus.

b) Tycho Brahe und Keppler[18]).

2) Tacquet, A., Astronomia, in dessen Opera mathematica nach seinem Tode in Antwerpen 1669 (und 1707) herausgegeben.

3) Delambre, M., Histoire de l'Astronomie ancienne, tome second, Paris, 1817.
Das erste Compendium zum Almagest ist des Peurbach Theoricae novae planetarum, etc. Venet. 1488, von welchem zahlreiche Ausgaben existiren.

17) Copernicus, N. De revolutionibus orbium coelestium libri VI, Norimbergae 1543. Neueste Ausgabe sämmtlicher Werke des Kopernikus ist von Baranowsky (mit polnischer Uebersetzung), Warschau, 1854. Kurze Darstellungen dieses Systems sind in Rhaeticus, G. J., Narratio de libris revolutionum Copernici auch der Basler Ausgabe des Kopernikus (1566) und dem Keppler'schen Prodromus beigefügt. In letzterem Werke befindet sich auch die Schrift Maestlins: De dimensionibus orbium et sphaerarum coelestium juxta tabulas prutenicas ex sententia Nicolai Copernici, welche eine recht übersichtliche Darstellung dieses Systems enthält.

18) Ueber Kopernikus, Tycho und Keppler vergl.: Delambre, Histoire de l'Astronomie moderne, tome premier, Paris, 1821. Apelt, E. F., 1) die Reformation der Sternkunde, Jena, 1852 und 2) „die Epochen der Geschichte der Menschheit. Erster Band, zweite Ausgabe, Jena, 1851 Band 1," für die Entdeckungsgeschichte des ersten Gesetzes, 3) „J. Keppler's astronomische Weltansicht, Leipzig, 1849." Enthält eine ausführliche Darstellung der Harmonices mundi.

19) Reinhold, E., Prutenicae tabulae coelestium motuum, Vitebergae, 1551. Diese Tafeln waren dem Herzog Albrecht von Preussen gewidmet, von welcher Widmung sie den Namen tragen.

20) Keppler, J., Prodomus dissertationum cosmographicarum, continens mysterium cosmographicum de admirabili proportione orbium coelestium: deque causis coelorum numeri, magnitudinis, motuumque periodicorum genuinis et propriis, demonstratum per quinque regularia corpora geometrica ... a M. Joanne Keplero, Tübingae, 1596. Dieses Werk enthält die leitende Idee zu den astronomischen Bestrebungen Kepplers.

## Dritter Abschnitt.

### Zum Problem der Bahnbestimmung.

---

21) Tycho Brahe, Astronomiae instauratae progymnasmata. De mundi aetherei recentioribus phaenomenis liber secundus. Begonnen 1588 (auf der Uranienburg), beendet 1603 (in Prag). Astronomiae instauratae Mechanica, 1598. Die tychonische Astronomie ist auch enthalten in Longomontanus, Chr. S., Astronomia Danica, Amsterodami 1622; und Riccioli, Almagestum novum.

22) Astronomia nova . . . a Joanne Keplero. Dieses für die theoretische Astronomie so wichtige Werk ist in fünf Theile abgetheilt. Der erste Theil ist rein theoretischer Natur und behandelt die Hülfsmittel der Darstellung der Ungleichheiten durch den excentrischen Kreis und Epicykel; der Hauptinhalt dieses Theils wurde in Art. 56, S. 132 und am Schlusse des Art. 47, S. 112 benutzt. Der zweite Theil enthält die Materien der Art. 51 und 52. Der dritte Theil enthält die Bestimmung der Erdbahn, das zweite Gesetz und die Bestimmung der Mittelpunktsgleichung des Art. 55. Der vierte Theil enthält das erste Gesetz; der fünfte Theil beweist unter anderen den wichtigen Satz, dass die Knotenlinie der Marsbahn genau durch den wahren Sonnenort geht.

23) Tabulae Rudolphinae, Ulmae, 1627.

24) Harmonices mundi libri V, Lincii, 1619.

25) Bohnenberger, J. G. F., Astronomie, Tübingen, 811.

---

26) Gauss, Vorwort zur Theoria motus.
27) Olbers, Abhandlung. Erster und zweiter Abschnitt.

# Erster Theil.

## Beziehungen zwischen den die Bewegungen der Himmelskörper um die Sonne bestimmenden Grössen.

### Erster Abschnitt.
#### Beziehungen hinsichtlich eines einzelnen Ortes in der Bahn.

**1.**

Betrachtet man die Planeten als mathematische Puncte und berücksichtiget man bloss die Anziehung der Sonne, so geschieht die Bewegung derselben nach folgenden Gesetzen:

I. Die Planeten bewegen sich in Ellipsen, in deren einem (gemeinsamen) Brennpuncte sich der Mittelpunct der Sonne befindet.

II. Die von der Sonne nach dem Planeten gezogene Gerade überstreicht der Zeit proportionale Flächen.

III. Die Würfel der grossen Axen zweier Planeten verhalten sich wie die Quadrate ihrer Umlaufszeiten.

Diese Gesetze sind von Keppler (geb. 1571, gest. 1630) gefunden worden.

Berücksichtigt man die Anziehung des Planeten auf die Sonne, so ist der Würfel der grossen Axe dem Producte

aus dem Quadrate der Umlaufszeit mit der Summe der
Massen der Sonne und des Planeten proportional.

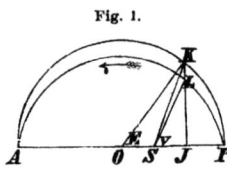

Fig. 1.

Es stelle die Ellipse der Figur
(Fig. 1) die Bahn eines Planeten vor,
im Brennpuncte $S$ sei die Sonne.
Ist $AP$ die grosse Axe der Ellipse,
so ist der dem Brennpuncte $S$ näher
liegende Punct $P$ zugleich derjenige
Punct der Bahn, in welchem der Planet der Sonne am
nächsten kommt; der Punct $P$ wird daher das Perihelium
oder die Sonnennähe genannt. Im anderen Endpuncte $A$
ist der Planet von der Sonne am weitesten entfernt, der Punct
$A$ wird daher das Aphelium oder die Sonnenferne genannt.
Beide Puncte heisst man Apsiden, und die Grade $AP$, sobald
nur ihre Lage berücksichtiget wird, die Apsidenlinie.

Ist $O$ der Mittelpunkt der Ellipse, $AO = OP = a$ die
halbe grosse Axe, $OS = ae$, so heisst $e$ die Excentricität. Die kleinste Entfernung des Planeten von der
Sonne ist daher $SP = OP — OS = a\ (1 — e)$, die grösste
$SA = OA + SO = a\ (1 + e)$, daher die mittlere $= a =$
der halben grossen Axe. In der mittleren Entfernung befindet sich der Planet, wenn er durch den einen oder den
anderen Endpunct der kleinen Axe geht.

Befindet sich der Planet im Puncte $L$ seiner Bahn, so
heisst die Gerade $SL = r$ der Radius Vector, und der
Winkel $PSL = v$ die wahre Anomalie des Planeten.
Dieser Winkel wird vom Perihelium im Sinne der Bewe-
gung des Planeten (in der Figur durch einen beigesetzten
Pfeil ausgedrückt) von 0 bis $360^0$ gezählt. Die beiden
Grössen $r$ und $v$ sind die Polarcoordinaten des Planeten
in Bezug auf die Sonne als Anfangspunct (Pol) und die
Apsidenlinie als Grundlinie (Axe).

## 2.

Aus der wahren Anomalie $v$ die Zeit $t$, in welcher sie vom Planeten beschrieben wird, zu finden.

Ist $U$ die Umlaufszeit des Planeten, so verhält sich $t$ zu $U$ wie der Sector $PSL$ zur Fläche der ganzen Ellipse. Um das letztere Verhältniss zu berechnen, bedient man sich des sogenannten excentrischen Kreises, der in der Ebene der Ellipse über der grossen Axe $AP$ als Durchmesser beschrieben wird. Eine vom Puncte $L$ auf die Gerade $AP$ gefällte Senkrechte $LJ$ treffe den Kreis in $K$. Der Winkel $POK$ heisst die excentrische Anomalie und wird mit $E$ bezeichnet.

Nun ist $SJ = OJ - OS$, d. h.

$$(1) \qquad r \cos v = a \cos E - ae.$$

Aus der Polargleichung der Ellipse

$$r = \frac{a(1 - e^2)}{1 + e \cos v}$$

folgt, wenn man den Werth von $r \cos v$ aus (1) in diese Gleichung setzt,

$$(2) \qquad r = a - ae \cos E.$$

Aus den Gleichungen (1) und (2) erhält man durch Addition und Subtraction

$$r(1 + \cos v) = a(1 - e)(1 + \cos E)$$
$$r(1 - \cos v) = a(1 + e)(1 - \cos E).$$

Zieht man aus diesen Gleichungen die Quadratwurzel aus, so erhält man

$$(3) \qquad \sqrt{r} \cos \tfrac{1}{2} v = \sqrt{a(1 - e)} \cos \tfrac{1}{2} E$$

$$(4) \qquad \sqrt{r} \sin \tfrac{1}{2} v = \sqrt{a(1 + e)} \sin \tfrac{1}{2} E.$$

Durch Division und Multiplication erhält man

$$(5) \qquad \tang \tfrac{1}{2} v = \sqrt{\frac{1 + e}{1 - e}} \, \tang \tfrac{1}{2} E$$

$$(6) \qquad r \sin v = a \sqrt{1 - e^2} \sin E.$$

Aus der Gleichung (6) folgt

$$r \sin v : a \sin E \text{ d. i. } LJ : KJ = \sqrt{1 - e^2} : 1$$

d. h. die Ordinate in der Ellipse verhält sich zur Ordinate des excentrischen Kreises wie die kleine Halbaxe $b = a\sqrt{1 - e^2}$ zur grossen $a$. Zieht man eine zweite (unendlich nahe) Ordinate, so findet dasselbe Verhältniss zwischen den dadurch bestimmten Trapezen statt, mithin erhält man, wenn die ganzen Flächen in Trapeze zerlegt werden

$$PJL : PJK = b : a = G : \pi a^2,$$

wo $G$ die Fläche der Ellipse bedeutet. Ebenso ist, wenn $S$ einen beliebigen Punct der Geraden $AP$ bedeutet, das Verhältniss der Dreiecke

$$SJL : SJK = b : a,$$

mithin das Verhältniss der Sectoren

$$SPL : SPK = G : \pi a^2;$$

daraus folgt

$$U : t = G : SPL = \pi a^2 : SPK.$$

Es ist aber $\qquad SPK = OPK - OSK$

$$= \tfrac{1}{2} OP \cdot PK - \tfrac{1}{2} OS \cdot JK = \tfrac{1}{2} a \cdot a E - \tfrac{1}{2} ae \cdot a \sin E,$$

also $\qquad U : t = 2\pi : E - e \sin E;$

setzt man ferner $\qquad \dfrac{2\pi}{U} = \mu,$ so wird

(7) $\qquad \mu t = E - e \sin E.$

Die Grösse $\mu t = M$ heisst die **mittlere Anomalie**, die Grösse $\mu$ ist die **mittlere Bewegung** in der Zeiteinheit.

Aus $v$ erhält man nach (5) die excentrische Anomalie $E$ und damit nach (7) die mittlere Anomalie $M$ oder die Zeit $t$.

Aus dem Vorhergehenden ist ersichtlich, dass

für $t = 0$, $M = E = v = 0$ ist.

- $t = \tfrac{1}{2} U$, $M = E = v = 180^0$ -

- $0 < t < \tfrac{1}{2} U$, $M < E < v$ -

- $U > t > \tfrac{1}{2} U$, $M > E > v$ -

In der Gleichung (7) ist der Hülfswinkel $E$ in Theilen des Halbmessers auszudrücken, drückt man jedoch $\frac{2\pi}{U}$ und $e \sin E$ im Gradmasse aus, so kann auch $E$ in Graden beibehalten werden[1]).

Aus dem Verhältnisse der Fläche der Ellipse zur Fläche des Kreises $= \sqrt{1 - e^2} : 1$ folgt

$$G = \pi a^2 \sqrt{1 - e^2} = \pi a^{\frac{3}{2}} \sqrt{p}.$$

Der Ausdruck $\pi a^{\frac{3}{2}} \sqrt{p} : U$ stellt die in der Zeiteinheit vom Radius Vector beschriebene Fläche, d. i. die Flächengeschwindigkeit dar.

Sind $m$, $m'$ die Massen zweier Planeten, die Masse der Sonne $= 1$ gesetzt, $a$, $a'$ ihre mittleren Entfernungen, $U$, $U'$ ihre Umlaufszeiten; so ist nach dem verbesserten dritten keppler'schen Gesetze

$$a^3 : a'^3 = U^2 (1 + m) : U'^2 (1 + m'),$$

es ist daher $\dfrac{a^{\frac{3}{2}}}{U \sqrt{1 + m}}$, also auch $\dfrac{2\pi a^{\frac{3}{2}}}{U \sqrt{1 + m}}$ für alle Planeten constant. Bezeichnet man mit $k$ den Werth dieser Constante, so wird die Flächengeschwindigkeit $= \dfrac{k}{2} \sqrt{1 + m} \sqrt{p}$, die mittlere Bewegung $\mu = k \sqrt{1 + m} : a^{\frac{3}{2}}$.

Die Grösse $k$ heisst die Constante der *theoria motus*, Gauss bestimmt deren Werth aus der Bewegung der Erde. Als Einheit der Distanzen wird die mittlere Entfernung der Erde von der Sonne, als Zeiteinheit der mittlere Sonnentag angenommen. Mit den Werthen

$$U = 365.2563835, \quad m = \tfrac{1}{354710} = 0.0000028192$$

erhält man

$$\log k = 8.2355814414$$
$$k = 0.01720209895.$$

## 3.

Die umgekehrte, unter dem Namen des Keppler'-
schen Problems berühmte Aufgabe, nämlich „aus der mittleren Anomalie die wahre und den Radius Vector zu finden," kommt in der Anwendung weit häufiger vor.

Zunächst ist die Gleichung $E = M + e \sin E$ nach $E$
aufzulösen. Die Auflösung kann entweder durch Reihen
oder indirect durch Versuche bewerkstelligt werden. Man
beginnt mit einem Näherungswerth $E_0$ und rechnet nun

$$E_1 = M + e \sin E_0$$
$$E_2 = M + e \sin E_1$$
$$E_3 = M + e \sin E_2$$

.

.

.

so lange, bis man keine verschiedenen Werthe von $E$ erhält; als $E_0$ kann man, wenn kein anderer Näherungswerth
bekannt ist, $M$ annehmen. Aus zwei Näherungswerthen
kann man durch die *regula falsi* einen genaueren Werth
erhalten[2]).

Beispiel. Es sei $M = 332^0\ 28'\ 32''.11$, $e = 0.2451028$,
daher log $e$ in Secunden $= 4.7037734$.

Setzt man $E_0 = 332^0$, so erhält man
$$E_1 = 325^0\ 53', \qquad E_2 = 324^0\ 36'$$
$$E_3 = 324^0\ 22'\ 26'', E_4 = 324^0\ 17'\ 42''$$
$$E_5 = 324^0\ 16'\ 47'', E_6 = 324^0\ 16'\ 36''\ \text{u. s. w.}$$
bis man schliesslich $E = 324^0\ 16'\ 33''.30$ erhält.

Nimmt man die *regula falsi* zu Hülfe, so erhält man
aus $\quad\quad a = 325^0\ 53' \quad\quad \alpha = 324^0\ 36'$. Setzt man
ferner $\quad a' = 324^0$, so wird $\alpha' = 324^0\ 13'.5$;

aus welchen Werthen man nach (2) erhält

$$w = 324^0\ 13'.5 + 3'.3 = 324^0\ 16'.8,$$

welcher Werth, wie man ersieht, dem wahren Werthe von
$E$ schon ziemlich nahe kommt.

Ist nun log $a = 0.4223802$, so erhält man nach (2) und
(5) des Art. 2.

$$\log r = 0.3260215, \quad v = 315^0\ 2'\ 0''.76.$$

Ebenso kann man aus den Gleichungen (1) und (6) oder
(3) und (4) des Art. 2. die Grössen $r$ und $v$ erhalten.

### 4.

Die Kometen bewegen sich in Bahnen, die man in
erster Annäherung als Parabeln betrachten kann. Der am
Schlusse von Art. 2. gefundene Ausdruck für die Flächengeschwindigkeit gestattet eine Anwendung des zweiten und
dritten keppler'schen Gesetzes auf die Bewegung eines Himmelskörpers in einer Parabel.

Ist der Bogen $PL$ ein Stück einer Parabel, so ist das
Flächenstück $JPL$ der Parabel $= \frac{2}{3} JP.JL$.

Die Polargleichung der Parabel ist

$$r = \frac{p}{1 + \cos v} = \frac{p}{2 \cos \frac{1}{2} v^2}.$$

Die in der Zeit $t$ vom Radius Vector durchstrichene
Fläche $SPL$

$$= \frac{k}{2} \sqrt{1 + m}\ \sqrt{p}\ t = \text{Dreieck } SJL + \text{Fläche } JPL$$
$$= \frac{1}{2} SJ.JL + \frac{2}{3} JP.JL.$$

Nun ist

$$JL = r \sin v = p \tan \tfrac{1}{2} v, \quad SJ = r \cos v = \frac{p}{2}(1 - \tan \tfrac{1}{2} v^2),$$

$$JP = SP - SJ = \frac{p}{2} \tan \tfrac{1}{2} v^2.$$

Setzt man $\frac{p}{2} = q$, so ist $q$ die kleinste Entfernung des Kometen von der Sonne, und es wird

(8)        $\dfrac{k\sqrt{1+m}}{\sqrt{2}\,q^{\frac{3}{2}}}\, t = \text{tang } \tfrac{1}{2}\, v + \tfrac{1}{3}\, \text{tang } \tfrac{1}{2}\, v^3.$

Für die Kometen setzt man immer $m = 0$.

Multiplicirt man die Gleichung (8) mit 75 und setzt

$$\frac{75\,k}{\sqrt{2}} = C, \; \log C = 9.9601277182,$$

so geht die Gleichung (8) über in

(8*)        $\dfrac{Ct}{q^{\frac{3}{2}}} = 75 \,\text{tang } \tfrac{1}{2}\, v + 25 \,\text{tang } \tfrac{1}{2}\, v^3.$

Die Grösse $\dfrac{C}{q^{\frac{3}{2}}} = \mu$ heisst **mittlere tägliche Bewegung**, die Grösse $\dfrac{C}{q^{\frac{3}{2}}}\, t = M$ **mittlere Anomalie** des Kometen. Aus $t$ erhält man $v$ und umgekehrt aus $v$ die Zeit $t$. Die Barker'sche Tafel gibt für den Werth von $v$, welchen man für die Parabel in der Regel von 0 bis $\pm\,180^0$ zählt, die Grösse $M$ und umgekehrt.

Beispiel. Für $\log q = 0.08469$ erhält man
$$\log \mu = 9.83309.$$

Ist nun, wenn die Perihelzeit $T =$ Mai 19.5175 ist, für April 14.54694 desselben Jahres die wahre Anomalie zu berechnen, so ist $t = -\,34.97056$ Tage, und man erhält
$$\log M = n\; 1.37680$$
und damit aus der Barker'schen Tafel
$$v = -\,34^0\; 12'\; 52'' = 325^0\; 47'\; 8''.$$

Aus $v$ erhält man $\log r = 0.12400$.

## Zweiter Abschnitt.

**Beziehungen zwischen mehreren Orten in der Bahn.**

### 5.

Hülfssätze: Bedeuten $A$, $B$, $C$ drei beliebige Winkel, so ist

I. $\sin A \sin (B-C) + \sin B \sin (C-A) + \sin C \sin (A-B) = 0$,

II. $\cos A \sin (B-C) + \cos B \sin (C-A) + \cos C \sin (A-B) = 0$,

wie man durch Entwicklung von $\sin (B-C) \ldots$ unmittelbar findet.

### 6.

Es seien $r$, $v$; $r'$, $v'$ die Polarcoordinaten zweier Orte eines Himmelskörpers in der Bahn, $t$ die Zeit, welche derselbe braucht, um vom ersten Ort zum zweiten zu gelangen; aus $r$, $r'$, $v' - v$, $t$ die Elemente des Planeten in der Bahn zu bestimmen.

### I. Für die Ellipse.

Aus den Gleichungen

$$\sqrt{r} \sin \tfrac{1}{2} v = \sqrt{a(1+e)} \sin \tfrac{1}{2} E$$
$$\sqrt{r} \cos \tfrac{1}{2} v = \sqrt{a(1-e)} \cos \tfrac{1}{2} E$$
$$\sqrt{r'} \sin \tfrac{1}{2} v' = \sqrt{a(1+e)} \sin \tfrac{1}{2} E'$$
$$\sqrt{r'} \cos \tfrac{1}{2} v' = \sqrt{a(1-e)} \cos \tfrac{1}{2} E'$$

folgt

$$(1) \begin{cases} \sqrt{rr'} \sin \tfrac{1}{2} v \cos \tfrac{1}{2} v' = a \sqrt{1-e^2} \sin \tfrac{1}{2} E \cos \tfrac{1}{2} E' \\ \sqrt{rr'} \cos \tfrac{1}{2} v \sin \tfrac{1}{2} v' = a \sqrt{1-e^2} \cos \tfrac{1}{2} E \sin \tfrac{1}{2} E' \\ \sqrt{rr'} \sin \tfrac{1}{2} v \sin \tfrac{1}{2} v' = a (1+e) \sin \tfrac{1}{2} E \sin \tfrac{1}{2} E' \\ \sqrt{rr'} \cos \tfrac{1}{2} v \cos \tfrac{1}{2} v' = a (1-e) \cos \tfrac{1}{2} E \cos \tfrac{1}{2} E'. \end{cases}$$

Setzt man Kürze halber $v' - v = 2f$, $E' - E = 2g$, $E' + E = 2G$, so erhält man aus den Gleichungen (1) durch Subtraction der beiden ersteren und Addition der beiden letzteren

(2)  $$\sqrt{rr'} \sin f = a \sqrt{1 - e^2} \sin g$$

(3)  $$\sqrt{rr'} \cos f = a \cos g - ae \cos G.$$

Aus $r = a - ae \cos E$, $r' = a - ae \cos E'$ folgt

$$r' + r = 2a - 2ae \cos g \cos G = 2a \sin g^2 + 2 \cos f \cos g \sqrt{rr'},$$

indem statt $ae \cos G$ aus (3) der Werth $a \cos g - \sqrt{rr'} \cos f$ gesetzt wird; woraus dann

$$a = \frac{r + r' - 2 \cos f \cos g \sqrt{rr'}}{2 \sin g^2},$$

oder $\quad a = \frac{r + r' - 2 \cos f \sqrt{rr'} + 4 \cos f \sin \frac{1}{2} g^2 \sqrt{rr'}}{2 \sin g^2}.$

Setzt man, wenn $\cos f$ positiv ist,

$$r + r' - 2 \cos f \sqrt{rr'} = 4 \cos f \sqrt{rr'} \, l,$$

oder

(4)  $$l = \frac{r + r'}{4 \cos f \sqrt{rr'}} - \frac{1}{2},$$

so wird

(5)  $$a = \frac{2 (l + \sin \frac{1}{2} g^2) \cos f \sqrt{rr'}}{\sin g^2}$$

und $\sqrt{a} = \pm \dfrac{\sqrt{2 (l + \sin \frac{1}{2} g^2) \cos f \sqrt{rr'}}}{\sin g}$, wo das obere oder untere Zeichen stattfindet, je nachdem $\sin g$ positiv oder negativ ist.

Ist aber $\cos f$ negativ, so setze man

$$r + r' - 2 \cos f \sqrt{rr'} = - 4 \cos f \sqrt{rr'} \, L$$

oder

(4*)  $$L = \frac{r + r'}{- 4 \cos f \sqrt{rr'}} + \frac{1}{2}$$

und es wird

(5*)  $$a = \frac{- 2 (L - \sin \frac{1}{2} g^2) \cos f \sqrt{rr'}}{\sin g^2}.$$

Sind $\tau$, $\tau'$ die Zeiten, welche seit dem Durchgange durch das Perihel verflossen sind, also $\tau' - \tau = t$; so ist, die Masse des Planeten gleich Null gesetzt,

$$\frac{k}{a^{\frac{3}{2}}}\,\tau = E - e\sin E,\ \frac{k}{a^{\frac{3}{2}}}\,\tau' = E' - e\sin E',\ \text{also}$$

$$\frac{k\,t}{a^{\frac{3}{2}}} = E' - E - e\,(\sin E' - \sin E)$$

$$= 2\,g - 2\,e\sin g\cos G.$$

Setzt man statt $e\cos G$ den Werth aus (3), so wird

$$\frac{k\,t}{a^{\frac{3}{2}}} = 2g - \sin 2g + 2\cos f\sin g\,\frac{\sqrt{rr'}}{a}.$$

Substituirt man für $\sqrt{a}$ den Werth, und setzt der Kürze wegen

(6)
$$\frac{k\,t}{2^{\frac{3}{2}}\cos f^{\frac{3}{2}}(rr')^{\frac{3}{4}}} = m,$$

so wird

(7)  $$\pm\,m = (l + \sin\tfrac{1}{2}\,g^2)^{\frac{1}{2}} + (l + \sin\tfrac{1}{2}\,g^2)^{\frac{3}{2}}\left(\frac{2g - \sin 2g}{\sin g^3}\right),$$

wo für $m$ das obere oder untere Zeichen gilt, je nachdem $\sin g$ positiv oder negativ ist.

Ist $\cos f$ negativ, so setze man

(6*)
$$\frac{k\,t}{2^{\frac{3}{2}}(-\cos f)^{\frac{3}{2}}(rr')^{\frac{3}{4}}} = M,$$

und man erhält

(7*)  $$\pm\,M = -(L - \sin\tfrac{1}{2}\,g^2)^{\frac{1}{2}} + (L - \sin\tfrac{1}{2}\,g^2)^{\frac{3}{2}}\left(\frac{2g - \sin 2g}{\sin g^3}\right),$$

wo das obere Zeichen gilt für $\sin g$ positiv, das untere für $\sin g$ negativ. —

Zuerst ist die Gleichung (7) oder (7*) nach $g$ aufzulösen.

Es sei zunächst $g$ nicht sehr gross*), in diesem Falle kann $\dfrac{2\,g - \sin 2\,g}{\sin g^3}$ in eine Reihe nach Potenzen von $\sin\tfrac{1}{2}\,g$ entwickelt werden.

Es ist

$$2g = 4.\tfrac{1}{2}\,g,\ \sin g = 2\sin\tfrac{1}{2}\,g\cos\tfrac{1}{2}\,g = 2\sin\tfrac{1}{2}\,g\,\sqrt{1 - \sin\tfrac{1}{2}\,g^2},$$

$$\sin 2g = 2\sin g\cos g = 4\sin\tfrac{1}{2}g\sqrt{1 - \sin\tfrac{1}{2}g^2} - 8\sin\tfrac{1}{2}g^3\sqrt{1 - \sin\tfrac{1}{2}g^2}.$$

---

*) Bis $30^0$ ungefähr.

Berücksichtiget man, dass

$$(1 - x)^{\frac{1}{2}} = 1 - \tfrac{1}{2}x - \tfrac{1}{8}x^2 - \tfrac{1}{16}x^3 - \tfrac{5}{128}x^4 - \cdots$$

$$u = \sin u + \tfrac{1}{3}\tfrac{1}{2}\sin u^3 + \tfrac{1}{5}\tfrac{1.3}{2.4}\sin u^5 + \tfrac{1}{7}\tfrac{1.3.5}{2.4.6}\sin u^7 + \tfrac{1}{9}\tfrac{1.3.5.7}{2.4.6.8}\sin u^9 + \cdots$$

ist, so erhält man

$$2g = 4\sin\tfrac{1}{2}g + \tfrac{2}{3}\sin\tfrac{1}{2}g^3 + \tfrac{3}{10}\sin\tfrac{1}{2}g^5 + \tfrac{5}{28}\sin\tfrac{1}{2}g^7 + \tfrac{3.5}{288}\sin\tfrac{1}{2}g^9 + \cdots$$

$$\sin 2g = 4\sin\tfrac{1}{2}g - 10\sin\tfrac{1}{2}g^3 + \tfrac{7}{2}\sin\tfrac{1}{2}g^5 + \tfrac{3}{4}\sin\tfrac{1}{2}g^7 + \tfrac{11}{32}\sin\tfrac{1}{2}g^9 + \cdots$$

$$2g - \sin 2g = \tfrac{32}{3}\sin\tfrac{1}{2}g^3 - \tfrac{16}{5}\sin\tfrac{1}{2}g^5 - \tfrac{4}{7}\sin\tfrac{1}{2}g^7 - \tfrac{2}{3}\sin\tfrac{1}{2}g^9 - \cdots$$

$$\sin g^3 = 8\sin\tfrac{1}{2}g^3 - 12\sin\tfrac{1}{2}g^5 + 3\sin\tfrac{1}{2}g^7 + \tfrac{1}{2}\sin\tfrac{1}{2}g^9 + \cdots$$

Bezeichnet man der Kürze halber $\dfrac{2g - \sin 2g}{\sin g^3}$ mit $X$ und

setzt $\sin\tfrac{1}{2}g^2 = x$, so wird

$$X = \frac{\tfrac{4}{3} - \tfrac{2}{5}x - \tfrac{1}{14}x^2 - \tfrac{1}{36}x^3 - \cdots}{1 - \tfrac{3}{2}x + \tfrac{3}{8}x^2 + \tfrac{1}{16}x^3 + \cdots}$$

Bezeichnet man den Zähler von $X$ mit $Z$, den Nenner

mit $N$, so wird $\qquad X = \dfrac{Z}{N} = \dfrac{1}{N : Z}.$

Entwickelt man $N : Z$ in eine Reihe nach Potenzen

von $x$, so erhält man

$$N : Z = \tfrac{3}{4} - \tfrac{9}{10}x + \tfrac{9}{175}x^2 + \tfrac{26}{875}x^3 + \cdots$$

$$= \tfrac{3}{4} - \tfrac{9}{10}(x - \xi);$$

wenn $\qquad\qquad \xi = \tfrac{2}{35}x^2 + \tfrac{52}{475}x^3 + \cdots$ oder

$\alpha)\quad \xi = [8.75696]x^2 + [8.5187]x^3 + \cdots$

wo die eingeklammerten Zahlen Logarithmen sind, gesetzt

wird. Es wird daher

$$X = \frac{1}{\tfrac{3}{4} - \tfrac{9}{10}(x - \xi)}.$$

Setzt man diesen Ausdruck von $X$ in die Gleichung (7)
und bedenkt man, dass, wenn $g$ nicht gross ist, nur das
obere Zeichen stattfindet; so erhält man

$$m = (l + x)^{\frac{1}{2}} + \frac{(l + x)^{\frac{3}{2}}}{\tfrac{3}{4} - \tfrac{9}{10}(x - \xi)}.$$

Setzt man $\dfrac{m}{(l + x)^{\frac{1}{2}}} = y$, so wird $x = \dfrac{m^2}{y^2} - l,$

$$\tfrac{3}{4} - \tfrac{9}{10}(x - \xi) = \tfrac{9}{10}\left(\tfrac{5}{6} + l + \xi - \tfrac{m^2}{y^2}\right),$$

also

$$y = 1 + \cfrac{\tfrac{10}{9} m^2}{y^2\left(\tfrac{5}{6} + l + \xi - \tfrac{m^2}{y^2}\right)}$$

$$= 1 + \cfrac{\tfrac{10}{9} m^2}{(\tfrac{5}{6} + l + \xi)\left(y^2 - \tfrac{m^2}{\tfrac{5}{6} + l + \xi}\right)}$$

oder

$$y = 1 + \frac{\tfrac{10}{9} h}{y^2 - h}, \quad \text{wo}$$

$$\beta) \quad h = \frac{m^2}{\tfrac{5}{6} + l + \xi}$$

gesetzt wird.

Die Gleichung für $y$ entwickelt, gibt

$$\gamma) \quad y^3 - y^2 - hy - \tfrac{1}{9} h = 0.$$

Diese Gleichung hat eine positive Wurzel[3]).

Die Auflösung der Gleichung (7) geschieht nun auf folgende Art: Für die erste Annäherung setze man $\xi = 0$, erhält damit nach $\beta$) $h = \frac{m^2}{\tfrac{5}{6} + l}$ und damit nach $\gamma$) $y$, aus $y$ rechne man $x$. Dann rechne man nach $\alpha$) $\xi$, und erhält damit aus $\beta$) einen verbesserten Werth von $h$. Diese Rechnung wird so oft wiederholt, bis man keine verschiedenen Werthe erhält.

Aus der Gleichung $y = 1 + \cfrac{m^2}{y^2\,(\tfrac{3}{4} - \tfrac{9}{10}(x - \xi))}$ folgt, dass, wenn die Zeit $t$ als eine kleine Grösse erster Ordnung betrachtet wird, $y - 1$ nahe $= \tfrac{4}{3} m^2$ eine kleine Grösse zweiter Ordnung ist.

Aus $x$ erhält man $g$, ist $g$ gefunden, so hat man nach Gleichung (5)

$$a = \frac{2\,(l + x)\cos f\sqrt{rr'}}{\sin g^2} = \frac{2\,m^2 \cos f\sqrt{rr'}}{y^2 \sin g^2} = \frac{k^2 t^2}{4\,y^2\, rr'\cos f^2 \sin g^2}.$$

Aus der Gleichung (2) d. h. aus

$$a \sqrt{1 - e^2} \sin g = \sqrt{rr'} \sin f \text{ und } \sqrt{p} = \sqrt{a(1 - e^2)} = \frac{a\sqrt{1 - e^2}}{\sqrt{a}}$$

folgt mit Berücksichtigung der vorhergehenden Gleichung

$$(8) \qquad \sqrt{p} = \frac{y \, rr' \sin 2 f}{k \, t},$$

mithin $\quad y = k \sqrt{p} \, t : rr' \sin 2 f$, d. h. $y$ ist das Verhältniss des elliptischen Sectors zwischen den beiden Radien Vectoren und dem durch dieselben bestimmten Dreiecke.

Die Grössen $m$, $(l + x)^{\frac{1}{2}}$, $(l + x)^{\frac{3}{2}} X$ sind daher beziehungsweise der Sectorfläche (zwischen den Radien Vectoren und dem elliptischen Bogen), der Dreiecksfläche (zwischen den Radien Vectoren und der Chorde), der Segmentfläche (zwischen dem Bogen und der Chorde) proportional*).

Ist $p$ gefunden, so erhält man aus den Gleichungen für $r$ und $r'$

$$e \cos v = \frac{p}{r} - 1$$

$$e \cos v' = \frac{p}{r'} - 1.$$

Setzt man $v' = v + (v' - v) = v + 2f$ und entwickelt $\cos (v + 2 f)$, so wird

$$(9) \qquad \begin{aligned} e \sin v &= (\tfrac{p}{r} - 1) \cot 2 f - (\tfrac{p}{r'} - 1) \operatorname{cosec} 2 f \\ e \cos v &= \frac{p}{r} - 1, \end{aligned}$$

aus welchen Gleichungen $e$ und $v$ und damit auch $v'$ erhalten werden.

---

*) Daraus folgt wieder, dass $y - 1$ eine kleine Grösse zweiter Ordnung ist. Denn es ist: Sector = Dreieck + Segment. Betrachtet man den Bogen, also auch die Sehne als eine kleine Grösse erster Ordnung, so ist die Höhe des Segmentes (dasselbe etwa als Parabelsegment betrachtet) eine kleine Grösse zweiter Ordnung, also die Fläche desselben von der dritten Ordnung. Das Dreieck $= \frac{1}{2} rr' \sin 2 f$ ist von der ersten Ordnung, also $y = 1 +$ Grösse zweiter Ordnung.

Die mittleren Anomalien $M$ und $M'$ erhält man aus

(10)
$$\tan \tfrac{1}{2} E = \sqrt{\frac{1-e}{1+e}} \tan \tfrac{1}{2} v$$
$$\tan \tfrac{1}{2} E' = \sqrt{\frac{1-e}{1+e}} \tan \tfrac{1}{2} v'$$

(11)
$$M = E - e \sin E$$
$$M' = E' - e \sin E'.$$

Die mittlere tägliche Bewegung $\mu$ wird erhalten aus

(12)
$$\mu = \frac{k}{a^{\frac{3}{2}}} = \frac{M' - M}{t}.$$

Ist $g$ gross, so lässt sich die Gleichung (7) oder (7*) sicher und leicht durch Versuche auflösen; sicher, weil $\frac{2g - \sin 2g}{\sin g^3}$ sich genau mittelst trigonometrischer Tafeln berechnen lässt; leicht, weil dieser Fall nur bei bereits näherungsweise bekannten Bahnen vorkommt, wo also ein Näherungswerth von $g$ schon gegeben ist. In diesem Falle bestimmt man dann aus (5) oder (5*) die Grösse $a$, hierauf aus (2) die Grösse $\sqrt{1 - e^2}$ und aus beiden die Grösse $p$; die übrige Rechnung ist genau so wie in dem früheren Falle.

Zusatz. Um $l$ sicher und bequem zu berechnen, setze man $\sqrt[4]{\frac{r'}{r}} = \tan(45^0 + w)$, und es wird dann

$$\sqrt{\frac{r'}{r}} + \sqrt{\frac{r}{r'}} = 2 + (\tan(45^0 + w) - \cot(45^0 + w))^2$$
$$= 2 + 4 \tan 2w^2,$$

woraus man erhält

$$l = \frac{\sin \tfrac{1}{2} f^2}{\cos f} + \frac{\tan 2w^2}{\cos f},$$

und ebenso

$$L = -\frac{\sin \tfrac{1}{2} f^2}{\cos f} - \frac{\tan 2w^2}{\cos f}.$$

**Beispiel.** Es sei $\log r = 0.3307925$, $\log r' = 0.3222617$, $v' - v = 7^0\ 34'\ 49''.87$, $t = 21.934433$ Tage.

Man erhält:

$w = -\ 8'\ 26''.46$, $l = 0.0011202067$, $\log m^2 = 7.2735971$. Setzt man zunächst $\xi = 0$, so wird $h = 0.0022501$ und damit $\log y = 0.0010815$, woraus $x = 0.0007480399$ folgt. $\dot{\xi}$ ist in diesem Falle verschwindend. Aus $x$ folgt

$g = 3^0\ 8'\ 4''.226$ und damit $\log a = 0.4223804$.

Aus (8) folgt $\log p = 0.3954732$ und damit aus (9) und (10)

$\log e = 9.3893483$, in Secunden $\log e = 4.7037734$.

$v = 310^0\ 56'\ 9''.39$, $v' = 318^0\ 30'\ 59''.26$.

Statt der Excentricität $e$ führt Gauss den spitzen Winkel $\varphi$ ein, wo $\sin \varphi = e$ ist; aus $p$ und $\varphi$ erhält man $a$ sehr bequem nach der Formel $a = p : \cos \varphi^2$.

Für dieses Beispiel ist

$\varphi = 14^0\ 11'\ 16''.47$, und daraus $\log a = 0.4223802$.

Die Uebereinstimmung der beiden Werthe von $\log a$ dient als Controle der Rechnung; für den letzteren braucht man $l$ nicht mit dieser Genauigkeit zu rechnen, welche der erste erfordert.

Aus den wahren Anomalien und der Excentricität erhält man

$E = 320^0\ 52'\ 19''.16$, $\quad E' = 327^0\ 8'\ 27''.64$

$M = 329^0\ 44'\ 2''.84$, $\quad M' = 334^0\ 45'\ 38''.02$.

$M' - M = 18095''.18$.

Aus $\log a$ erhält man die mittlere tägliche Bewegung $\mu = 824''.9663$, also in der Zeit $t$ beträgt die mittlere Bewegung $18095''.17$. Die Uebereinstimmung mit $M' - M$ dient als Controle der Rechnung.

## II. Für die Parabel.

Aus $r = \dfrac{q}{\cos \frac{1}{2} v^2}$, $r' = \dfrac{q}{\cos \frac{1}{2} v'^2}$ erhält man

$$\sqrt{\frac{1}{q}} \cos \tfrac{1}{2} v = \frac{1}{\sqrt{r}}, \qquad \sqrt{\frac{1}{q}} \cos \tfrac{1}{2} v' = \frac{1}{\sqrt{r'}}$$

und daraus, indem man $v' = v + 2f$ setzt,

$$\begin{aligned}
&\sqrt{\frac{1}{q}} \sin \tfrac{1}{2} v = \frac{\cot f}{\sqrt{r}} - \frac{\operatorname{cosec} f}{\sqrt{r'}} \\
&\sqrt{\frac{1}{q}} \cos \tfrac{1}{2} v = \frac{1}{\sqrt{r}},
\end{aligned}$$

(13)

aus welchen Gleichungen $q$, $v$ und $v'$ erhalten werden. Aus

(14)
$$\begin{aligned}
\frac{c}{q^{\frac{3}{2}}} \tau &= 75 \tan \tfrac{1}{2} v + 25 \tan \tfrac{1}{2} v^3 \\
\frac{c}{q^{\frac{3}{2}}} \tau' &= 75 \tan \tfrac{1}{2} v' + 25 \tan \tfrac{1}{2} v'^3
\end{aligned}$$

erhält man $\tau$ und $\tau'$, d. i. die Zeiten, welche seit dem Durchgange durch das Perihel verflossen sind; aus diesen und den Beobachtungszeiten erhält man die Zeit des Durchganges des Himmelskörpers durch das Perihel. Die Uebereinstimmung dieser beiden Zeiten dient als Controle der Rechnung.

**Beispiel.** Es sei $\log r = 0.13896$, $\log r' = 0.11068$, $v' - v = 12^0 \, 11' \, 35''$, $t = -14.04929$ Tage.

Man erhält

$\log q = 0.08469$, $v = -40^0 \, 5' \, 16''$, $v' = -27^0 \, 53' \, 41''$.

Aus $v$ erhält man $\tau = -41.968$ Tage.

- $v'$ - - $-27.918$ -

### 7.

Für die Bestimmung einer parabolischen Bahn ist eine unter dem Namen der Lambert'schen Gleichung bekannte Formel von grosser Wichtigkeit.

Nach den Gleichungen (14) ist, wegen $\tau' - \tau = t$,

$$\frac{Ct}{q^{\frac{3}{2}}} = 75 \left( \tang \tfrac{1}{2} v' - \tang \tfrac{1}{2} v \right) + 25 \left( \tang \tfrac{1}{2} v'^3 - \tang \tfrac{1}{2} v^3 \right)$$

$$= 25 (\tang\tfrac{1}{2}v' - \tang\tfrac{1}{2}v)(3 + \tang\tfrac{1}{2}v^2 + \tang\tfrac{1}{2}v\tang\tfrac{1}{2}v' + \tang\tfrac{1}{2}v'^2).$$

Da $1 + \tang\tfrac{1}{2}v\,\tang\tfrac{1}{2}v' = \frac{\cos f}{\cos\frac{1}{2}v\,\cos\frac{1}{2}v'}$, $1 + \tang\tfrac{1}{2}v^2 = \frac{1}{\cos\frac{1}{2}v^2}$,

$1 + \tang\tfrac{1}{2}v'^2 = \frac{1}{\cos\frac{1}{2}v'^2}$, $\tang\tfrac{1}{2}v' - \tang\tfrac{1}{2}v = \frac{\sin f}{\cos\frac{1}{2}v\,\cos\frac{1}{2}v'}$ ist;

so folgt

$$\frac{Ct}{q^{\frac{3}{2}}} = \frac{25\sin f}{\cos\frac{1}{2}v\,\cos\frac{1}{2}v'} \left( \frac{\cos f}{\cos\frac{1}{2}v\,\cos\frac{1}{2}v'} + \frac{1}{\cos\frac{1}{2}v^2} + \frac{1}{\cos\frac{1}{2}v'^2} \right).$$

Setzt man für $C$ den Werth $\frac{75\,k}{\sqrt{2}}$, ferner aus $r = \frac{q}{\cos\frac{1}{2}v^2}$,

$r' = \frac{q}{\cos\frac{1}{2}v'^2}$ die Werthe $\frac{1}{\cos\frac{1}{2}v} = \sqrt{\frac{r}{q}}$, $\frac{1}{\cos\frac{1}{2}v'} = \sqrt{\frac{r'}{q}}$, so wird

(15) $\qquad \frac{kt}{\sqrt{2}\,q^{\frac{3}{2}}} = \frac{\sin f\,\sqrt{rr'}}{3\,q^2}\left(\cos f\sqrt{rr'} + r + r'\right).$

Bedeutet $\varrho$ die Sehne zwischen dem ersten und zweiten Orte, so ist

$$\varrho^2 = r^2 + r'^2 - 2rr'\cos 2f = (r + r')^2 - 4rr'\cos f^2$$

$$4rr'\cos f^2 = (r + r')^2 - \varrho^2 = (r + r' + \varrho)(r + r' - \varrho).$$

Setzt man $\quad r + r' + \varrho = m^2, \quad r + r' - \varrho = n^2, \quad$ so wird

(16) $\qquad\qquad r + r' = \tfrac{1}{2}(m^2 + n^2)$

$$2\cos f\sqrt{rr'} = \pm\, m\,n,$$

wo das obere Zeichen stattfindet, wenn $\cos f$ positiv, das untere Zeichen, wenn $\cos f$ negativ ist.

Nun ist

$$\sin f^2 = \sin\tfrac{1}{2}(v' - v)^2 = (\sin\tfrac{1}{2}v'\cos\tfrac{1}{2}v - \cos\tfrac{1}{2}v'\sin\tfrac{1}{2}v)^2$$

$$= \cos\tfrac{1}{2}v^2 + \cos\tfrac{1}{2}v'^2 - 2\cos\tfrac{1}{2}(v' - v)\cos\tfrac{1}{2}v\cos\tfrac{1}{2}v'$$

$$= \frac{q}{r} + \frac{q}{r'} - \frac{2\,q\cos f}{\sqrt{rr'}} = q\,\frac{r + r' - 2\cos f\sqrt{rr'}}{rr'},$$

oder mit Berücksichtigung der Gleichungen (16)

(17) $\qquad\qquad 2\sin f\sqrt{rr'} = (m \mp n)\sqrt{2\,q}.$

Substituirt man die Werthe von $r + r'$, $\cos f\sqrt{rr'}$, $\sin f\sqrt{rr'}$ in die Gleichung (15), so erhält man

$$2\,kt = \tfrac{1}{3}\,(m^3 \mp n^3),$$

oder, indem man statt $m$ und $n$ die Werthe setzt,

$$(18) \qquad 6\,kt = (r + r' + \varrho)^{\frac{3}{2}} \mp (r + r' - \varrho)^{\frac{3}{2}},$$

welche Gleichung die **Lambert'sche Formel** heisst, wiewohl sie bereits von Euler angegeben wurde. Das obere Zeichen wird genommen, wenn $2f = v' - v$ kleiner als $180^0$ ist, das untere, wenn $2f$ grösser als $180^0$ ist. In der Regel findet nur der erste Fall statt.

### 8.

Es seien $r$, $v$; $r'$, $v'$; $r''$, $v''$ drei Orte eines Himmelskörpers in der Bahn, so ist

$$\frac{p}{r} = 1 + e \cos v$$

$$\frac{p}{r'} = 1 + e \cos v'$$

$$\frac{p}{r''} = 1 + e \cos v''.$$

Multiplicirt man diese Gleichungen resp. mit $\sin (v' - v'')$, $\sin (v'' - v)$, $\sin (v - v')$ und addirt man, so wird zufolge der Formel II. des Art. 5.

$$\frac{p}{r} \sin (v' - v'') + \frac{p}{r'} \sin (v'' - v) + \frac{p}{r''} \sin (v - v')$$
$$= \sin (v' - v'') + \sin (v'' - v) + \sin (v - v').$$

Multiplicirt man mit $rr'r''$ und setzt Kürze halber

$$v' - v = 2f'', \qquad v'' - v = 2f, \qquad v'' - v' = 2f,$$
$$rr' \sin 2f'' = n'', \; rr'' \sin 2f = n', \; r'r'' \sin 2f = n,$$

berücksichtigt man ferner, dass

$$\sin \alpha + \sin \beta - \sin (\alpha + \beta) = 2 \sin \tfrac{1}{2}(\alpha + \beta)\,(\cos \tfrac{1}{2}(\alpha - \beta)$$
$$- \cos \tfrac{1}{2}(\alpha + \beta)) = 4 \sin \tfrac{1}{2}(\alpha + \beta) \sin \tfrac{\alpha}{2} \sin \tfrac{\beta}{2}$$

ist, so wird

$$(19) \qquad p = \frac{4\,rr'\,r'' \sin f \sin f' \sin f''}{n - n' + n''}.$$

In diesem Ausdrucke sind $\frac{1}{2}n$, $\frac{1}{2}n'$, $\frac{1}{2}n''$ die Flächen der Dreiecke resp. zwischen dem zweiten und dritten, dem ersten und dritten, dem ersten und zweiten Radius Vector; der Nenner ist daher die doppelte Dreiecksfläche, welche durch die drei Orte des Himmelskörpers im Raume bestimmt ist.

Aus dem obigen für $p$ gefundenen Ausdrucke lässt sich eine Formel für $\frac{n+n''}{n'}$ ableiten, welche in der Folge von Wichtigkeit ist.

Sind nämlich $t$, $t'$, $t''$ die Zwischenzeiten resp. zwischen dem zweiten und dritten, dem ersten und dritten, dem ersten und zweiten Orte, und setzt man

$$kt = \vartheta, \qquad kt' = \vartheta', \qquad kt'' = \vartheta'',$$

so ist zufolge Gleichung (8) des Art. 6.

$$\sqrt{p} = \frac{yn}{\vartheta}, \qquad \sqrt{p} = \frac{y''n''}{\vartheta''}, \text{ also}$$

$$p = \frac{yy''nn''}{\vartheta\vartheta''},$$

wo die Bedeutung von $y$ und $y''$ klar ist. Durch Gleichstellung dieses Werthes von $p$ mit dem in Gleichung (19) erhält man

$$n - n' + n'' = -\frac{4rr'r''\sin f\sin f'\sin f''\,\vartheta\vartheta''}{yy''\,nn''}.$$

Da $nn'' - r'r''\sin 2f \cdot rr'\sin 2f''$
$$= 4rr'^2r''\sin f\cos f\sin f''\cos f'' \text{ ist, so wird}$$

$$n - n' + n'' = \frac{\sin f'\,\vartheta\vartheta''}{yy''r'\cos f\cos f''} = \frac{n'\,\vartheta\vartheta''}{2yy''rr'r''\cos f\cos f'\cos f''},$$

$$(20) \qquad \frac{n+n''}{n'} = 1 + \frac{\vartheta\vartheta''}{2yy''rr'r''\cos f\cos f'\cos f''}.$$

# Dritter Abschnitt.

### Beziehungen hinsichtlich eines einzelnen Ortes im Raume.

## 9.

Um den Ort eines Himmelskörpers im Raume in Beziehung auf einen gegebenen Punct angeben zu können, ist die Kenntniss der Lage der Bahnebene gegen eine bekannte Ebene und die der Apsidenlinie in der Bahnebene erforderlich. Denkt man sich um den Mittelpunct der Sonne eine Kugelfläche beschrieben, so werden sich auf dieser die Bahn des Himmelskörpers als ein grösster Kreis, die von dem Mittelpuncte der Sonne nach dem Himmelskörper gezogenen Geraden als Puncte darstellen. Wenn die zu bestimmenden Ebenen und Geraden nicht durch die Sonne selbst hindurchgehen, so sollen dieselben durch parallel durch den Mittelpunct der Sonne gelegte Ebenen und Gerade ersetzt werden.

Die Ebene der Bahn eines Himmelskörpers schneidet im Allgemeinen die Ebene der Erdbahn oder Ecliptik, diese Durchschnittslinie heisst die Knotenlinie; die Durchschnittspuncte der erwähnten Kugelfläche mit der Knotenlinie heissen Knoten, derjenige, wo der Planet von der südlichen Gegend in die nördliche Gegend der Ecliptik übergeht, heisst der aufsteigende, der andere der absteigende Knoten, in diesem geht der Himmelskörper von der nördlichen Gegend der Ecliptik in die südliche über. Die Lage der Knoten wird durch ihren nach der Ordnung der Zeichen gezählten Abstand von dem Frühlings-Aequinoctium bezeichnet d. i. die Länge des Knotens.

Es sei (Fig. 2) $\Upsilon \, \Omega \, E$ ein Theil der Ecliptik, $\Upsilon_0 \Omega P$ ein Theil der Bahn des Himmelskörpers, $\Upsilon$ der Frühlings-

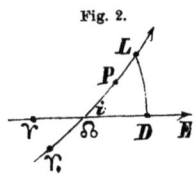

Fig. 2.

punct (die Richtung der Bewegung ist durch beigesetzte Pfeile bezeichnet). Der sphärische Winkel $E \Omega P$ stellt den Winkel der Bahn und Ecliptik vor, dieser Winkel heisst die Neigung der Bahn des Himmelskörpers gegen die Ecliptik oder einfach Neigung der Bahn; die Neigung wird von 0 bis 180⁰ gezählt. Bezeichnet in der Figur $\Omega$ den aufsteigenden Knoten, so stellt der Bogen $\Upsilon \Omega$ die Länge des aufsteigenden Knotens dar. Wird dieser Bogen in der Bahn von $\Omega$ aus entgegengesetzt der Richtung der Bewegung des Himmelskörpers abgetragen, so erhält man dadurch den Punct $\Upsilon_0$; die von diesem Punct in der Richtung der Bewegung gezählten Bogen werden Längen in der Bahn genannt. Ist daher $P$ das Perihel (eigentlich die Projection des Perihels), so heisst $\Upsilon_0 P$ die Länge des Perihels.

In Figur 2 ist daher

$\Upsilon \Omega = \Omega = $ Länge des aufsteigenden Knotens,

$\measuredangle \, E \Omega P = i = $ Neigung der Bahn,

$\Upsilon_0 P = \Pi = $ Länge des Perihels.

Ist $L$ ein Ort des Himmelskörpers, $v$ die wahre, $M$ die mittlere Anomalie desselben, so heisst $\Pi + v$ die wahre, $\Pi + M$ die mittlere Länge des Himmelskörpers in der Bahn. Die sieben Grössen: 1) mittlere Länge für einen bestimmten Zeitpunct, 2) mittlere Entfernung, 3) Excentricität, 4) Länge des Perihels, 5) Länge des aufsteigenden Knotens, 6) Neigung der Bahn, 7) Masse des Himmelskörpers heissen die Elemente der Bewegung des Himmelskörpers. Bei der Parabel vertritt die Zeit des

Periheldurchganges die Stelle des ersten Elements. Statt des Elementes in 2) wird die Distanz im Perihel genommen. Bei den Kometen und den kleinen Planeten setzt man die Masse immer gleich Null.

## 10.

Die Lage eines Punctes z. B. $L$ an der Oberfläche der Kugel wird am einfachsten durch den Abstand desselben von der Ecliptik d. i. die Breite, und durch den Abstand des Fusspunctes des Perpendikels auf die Ecliptik von dem Frühlingspunct d. i. die Länge bestimmt. Es sei also der Bogen $LD$ senkrecht auf $\Upsilon E$, so heisst $\Upsilon D = l$ die Länge, $DL = b$ die Breite des Punctes $L$. Die Breite wird von beiden Seiten der Ecliptik an bis $90^0$ gezählt, oberhalb (d. i. in der nördlichen Region) der Ecliptik positiv, unterhalb negativ gezählt. Da der Mittelpunct der Sonne als Mittelpunct der Kugel angenommen wurde, so nennt man $l$ und $b$ heliocentrische Länge und Breite. Bezeichnet man den Bogen $\Omega L$ mit $u$, so heisst $u$ das Argument der Breite, dabei ist $u = \Pi - \Omega + v$.

Aus dem rechtwinkligen sphärischen Dreiecke $\Omega DL$ folgt

$$(1) \qquad \mathrm{tang}\ (l - \Omega) = \cos i\ \mathrm{tang}\ u$$
$$(2) \qquad \mathrm{tang}\ b = \mathrm{tang}\ i\ \sin\ (l - \Omega)$$
$$(3) \qquad \sin\ b = \sin\ i\ \sin\ u$$
$$(4) \qquad \cos\ u = \cos\ b\ \cos\ (l - \Omega).$$

Aus den Formeln (1) und (4) folgt, dass für $i < 90^0$ die Grössen $l - \Omega$ und $u$, für $i > 90^0$ die Grössen $l - \Omega$ und $360^0 - u$ in demselben Quadranten liegen.

## 11.

Die Lage eines Punctes im Raume wird durch die Abstände desselben von drei sich einander unter rechten Winkeln schneidenden Ebenen bestimmt. Es sei der Mittelpunct der Sonne der Coordinaten-Anfang, die Ecliptik die $xy$ Ebene, die positive $x$ Axe sei nach dem Frühlingspunct, die positive $y$ Axe nach dem Puncte $90^0$ Länge, die positive $z$ Axe nach dem Nordpol der Ecliptik gerichtet. Sind daher $l$, $b$, $r$ die heliocentrische Länge, Breite und Distanz eines Punctes von der Sonne, $x$, $y$, $z$ die rechtwinkligen Coordinaten desselben auf das vorhin erwähnte Axensystem bezogen, so ist (Fig. 3),

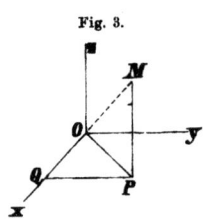

Fig. 3.

wenn für den Punct $M$ die Gerade $MP$ senkrecht auf die $xy$ Ebene, die Gerade $PQ$ senkrecht auf die $x$ Axe gezogen wird, $\not\prec x\,OP = l$, $\not\prec POM = b$, $OM = r$, also $OP = r \cos b$, $x = OP \cos l$, $y = OP \sin l$, $z = r \sin b$; mithin

$$x = r \cos b \cos l$$
(5)
$$y = r \cos b \sin l$$
$$z = r \sin b.$$

Sind $L$, $B$, $R$ die heliocentrische Länge, Breite und Distanz des Mittelpunctes der Erde von der Sonne, $X$, $Y$, $Z$ die rechtwinkligen Coordinaten, so ist

$$X = R \cos B \cos L, \quad Y = R \cos B \sin L, \quad Z = R \sin B.$$

Denkt man sich durch den Mittelpunct der Erde ein dem früheren Axensysteme paralleles Axensystem gelegt, so sollen durch $\lambda$ und $\beta$ die geocentrische Länge und Breite, durch $\varDelta$ die Distanz des Punctes von dem Mittelpuncte der Erde bezeichnet werden. Sind $\xi$, $\eta$, $\zeta$ die recht-winkligen geocentrischen Coordinaten dieses Punctes, so ist

(6)
$$\xi = \Delta \cos \beta \cos \lambda$$
$$\eta = \Delta \cos \beta \sin \lambda$$
$$\zeta = \Delta \sin \beta,$$

und es ist

$$x = X + \xi$$
$$y = Y + \eta$$
$$z = Z + \zeta.$$

Die Grösse $r \cos b$ ist die Projection der Distanz des Punctes von der Sonne auf die Ecliptik und heisst cur-tirte Distanz von der Sonne. Ebenso heisst $\Delta \cos \beta = \varrho$ die curtirte Distanz des Punctes von der Erde.

Die Breite $B$ der Erde ist nahe gleich Null und wird daher gewöhnlich vernachlässigt, unter dieser Voraussetzung erhält man für die heliocentrischen Coordinaten die Aus-drücke

(7)
$$r \cos b \cos l = x = \varrho \cos \lambda + R \cos L$$
$$r \cos b \sin l = y = \varrho \sin \lambda + R \sin L$$
$$r \sin b = z = \varrho \tang \beta.$$

Vermittelst dieser Ausdrücke kann man die heliocentri-schen Längen, Breiten und Distanzen in geocentrische ver-wandeln, und umgekehrt.

Aus $r^2 = x^2 + y^2 + z^2$ oder

$$r^2 = (\varrho \cos \lambda + R \cos L)^2 + (\varrho \sin \lambda + R \sin L)^2 + \varrho^2 \tang \beta^2,$$

folgt durch Entwicklung der Quadrate

(8) $\qquad r^2 = R^2 + 2 R \cos (\lambda - L) \varrho + \sec \beta^2 \varrho^2.$

### 12.

Die heliocentrischen Coordinaten lassen sich unmittel-bar durch $r$ und $v$ ausdrücken. Setzt man in den Gleichun-gen (5) des Art. 11. $l = l - \Omega + \Omega$, so wird

$$x = r \cos b \, \cos (l - \Omega) \cos \Omega - r \cos b \sin (l - \Omega) \sin \Omega$$
$$y = r \cos b \sin (l - \Omega) \cos \Omega + r \cos b \cos (l - \Omega) \sin \Omega,$$

und berücksichtiget man, dass nach den Gleichungen (1) bis (4)

$$\cos b \cos (l - \Omega) = \cos u$$
$$\cos b \sin (l - \Omega) = \sin u \cos i$$
$$\sin b = \sin u \sin i$$

ist, so wird

$$x = r \cos u \cos \Omega - r \sin u \sin \Omega \cos i$$
$$y = r \sin u \cos \Omega \cos i + r \cos u \sin \Omega$$
$$z = r \sin u \sin i.$$

Setzt man

$$\cos \Omega = l \sin A$$
$$- \sin \Omega \cos i = l \cos A,$$
$$\sin \Omega = m \sin B$$
$$\cos \Omega \cos i = m \cos B,$$
$$\sin i = n,$$

wo $l$, $m$, $n$ positiv genommen werden, so wird

$$x = l \, r \sin (A + u)$$
(9) $$y = m \, r \sin (B + u)$$
$$z = n \, r \sin u.$$

Da $u = \Pi - \Omega + v$ ist, so sind $x$, $y$, $z$ unmittelbar durch $r$ und $v$ ausgedrückt, wenn

$$\mathfrak{A} = \Pi - \Omega + A$$
$$\mathfrak{B} = \Pi - \Omega + B$$
$$\mathfrak{C} = \Pi - \Omega$$

gesetzt wird; es wird dann nämlich

$$x = l \, r \sin (\mathfrak{A} + v)$$
(10) $$y = m \, r \sin (\mathfrak{B} + v)$$
$$z = n \, r \sin (\mathfrak{C} + v).$$

Diese Formeln sind dann sehr bequem, wenn mehrere Orte zu rechnen sind.

Beispiel: Es sei

$$\Omega = 171^0 \ 7' \ 53''.84, \ i = 13^0 \ 6' \ 54''.20.$$

Man erhält

$$A = 261^0 \ 21' \ 33''.86, \ B = 170^0 \ 53' \ 52''.92,$$

$$\log l = 9.9997341, \ \log m = 9.9888016, \ \log n = 9.3558483.$$

Ist nun $\Pi - \Omega = 241^0 \ 9' \ 34''.06$, so wird

$$\mathfrak{A} = 142^0 \ 31' \ 7''.92, \ \mathfrak{B} = 52^0 \ 3' \ 26''.98.$$

Hierbei dient die Gleichung (aus (10))

$$l^2 \sin \mathfrak{A}^2 + m^2 \sin \mathfrak{B}^2 + n^2 \sin \mathfrak{C}^2 = 1$$

als Controle der Rechnung.

Für $v = 315^0 \ 2' \ 0''.76$, $\log r = 0.3260215$ wird

$$\log x = 0.3219717, \ \log y = 9.4063011, \ \log z = 9.1272776.$$

----

## Vierter Abschnitt.

### Beziehungen zwischen mehreren Orten im Raume.

### 13.

Aus zwei heliocentrischen Orten $l$, $b$ und $l'$, $b'$ im Raume, die Länge des aufsteigenden Knotens $\Omega$, die Neigung der Bahn $i$ und die Argumente der Breite $u$, $u'$ zu bestimmen.

Es ist

$$\tan b = \tan i \sin (l - \Omega)$$
$$\tan b' = \tan i \sin (l' - \Omega).$$

Setzt man $l' - \Omega = l - \Omega + l' - l$, so erhält man zur Bestimmung der Unbekannten $\Omega$ und $i$ folgende Gleichungen

(1)
$$\tan i \sin (l - \Omega) = \tan b$$
$$\tan i \cos (l - \Omega) = \frac{\tan b' - \tan b \cos (l' - l)}{\sin (l' - l)}.$$

Wachsen die heliocentrischen Längen mit der Zeit, so ist $i < 90^0$, im entgegengesetzten Falle ist $i > 90^0$.

Hat man $\Omega$ und $i$ gefunden, so erhält man die Argumente der Breite nach den Formeln

(2)
$$\operatorname{tang} u = \frac{\operatorname{tang} (l - \Omega)}{\cos i}$$
$$\operatorname{tang} u' = \frac{\operatorname{tang} (l' - \Omega)}{\cos i}.$$

Ist $i < 90^0$, so liegen $l - \Omega$ und $u$ in demselben Quadranten.

„ $i > 90^0$ „ $360^0 - u$ „

### 14.

Es seien $x$, $y$, $z$; $x'$, $y'$, $z'$; $x''$, $y''$, $z''$ drei heliocentrische Orte eines Himmelskörpers im Raume, so ist nach (10) des Art. 12.

$$\frac{x}{r} = l \sin (\mathfrak{A} + v)$$

$$\frac{x'}{r'} = l \sin (\mathfrak{A} + v')$$

$$\frac{x''}{r''} = l \sin (\mathfrak{A} + v'').$$

Multiplicirt man diese Gleichungen resp. mit $\sin (v' - v'')$, $\sin (v'' - v)$, $\sin (v - v')$ und addirt man, so erhält man mit Berücksichtigung der Formel I. des Art. 5.

$$\frac{x}{r} \sin (v' - v'') + \frac{x'}{r'} \sin (v'' - v) + \frac{x''}{r''} \sin (v - v') = 0$$

oder

$$x \, r'r'' \sin (v'' - v') - x' \, rr'' \sin (v'' - v) + x'' \, rr' \sin (v' - v) = 0.$$

Da $r'r'' \sin (v'' - v') = n$, $rr'' \sin (v'' - v) = n'$, $rr' \sin (v' - v) = n''$ gesetzt wurde, so wird

$$n \, x - n' \, x' + n'' \, x'' = 0, \text{ ebenso}$$
$$n \, y - n' \, y' + n'' \, y'' = 0$$
$$n \, z - n' \, z' + n'' \, z'' = 0.$$

Drückt man die heliocentrischen Coordinaten durch die geocentrischen aus, so wird gemäss der Ausdrücke (7) des Art. 11.

$$(3) \quad n\,(\varrho \cos \lambda + R \cos L) - n'\,(\varrho' \cos \lambda' + R' \cos L') \\ + n''\,(\varrho'' \cos \lambda'' + R'' \cos L'') = 0 \;\cdot$$

$$(4) \quad n\,(\varrho \sin \lambda + R \sin L) - n'\,(\varrho' \sin \lambda' + R' \sin L') \\ + n''\,(\varrho'' \sin \lambda'' + R'' \sin L'') = 0$$

$$(5) \quad n\,\varrho\,\mathrm{tang}\,\beta - n'\,\varrho'\,\mathrm{tang}\,\beta' + n''\,\varrho''\,\mathrm{tang}\,\beta'' = 0.$$

# Zweiter Theil.

## Bahnbestimmung der Planeten und Kometen.

---

### Erster Abschnitt.

**Bestimmung einer elliptischen Bahn aus drei geocentrischen Beobachtungen.**

### 15.

Vernachlässigt man die Masse des Himmelskörpers, so sind bei einer elliptischen Bahn sechs Elemente zu bestimmen. Zu dieser Bestimmung müssen daher sechs von einander unabhängige Grössen, welche von den Elementen abhängen, gegeben sein. Diese gegebenen Grössen können nur von der Erde aus beobachtete Orte des Himmelskörpers sein, und da jede solche Ortsbestimmung zwei Daten, etwa Länge und Breite liefert, so sollen drei geocentrische Beobachtungen als gegeben betrachtet werden. Diese Beobachtungen dürfen keine zu grosse hellocentrische Bewegung umfassen, indem sonst Voraussetzungen, zu welchen man bei einer ersten Bahnbestimmung genöthigt ist, nicht stattfinden.

Wären ausser den geocentrischen Längen und Breiten noch die Entfernungen des Himmelskörpers von der Erde gegeben, so könnte man daraus die heliocentrischen Längen, Breiten und Entfernungen des Himmelskörpers rechnen, und damit nach Art. 13. Neigung, Knoten und Argument der Breite, und dann nach Art. 6. die übrigen Elemente bestimmen. Wir versuchen daher zunächst die Bestimmung der Entfernungen des Himmelskörpers von der Erde.

Es bedeuten, wie früher

$t, t', t''$ die Zwischenzeiten zwischen resp. der zweiten und dritten, ersten und dritten, ersten und zweiten Beobachtung.

$\lambda, \lambda', \lambda''$ die drei geocentrischen Längen des Himmelskörpers,

$\beta, \beta', \beta''$ dessen Breiten,

$\varrho, \varrho', \varrho''$ dessen curtirte Entfernungen von der Erde,

$L, L', L''$ die heliocentrischen Längen der Erde,

$R, R', R''$ die Entfernungen der Erde von der Sonne.

Aus den Gleichungen (3), (4), (5) des Art. 14 folgt durch Elimination von $\varrho$ und $\varrho''$

$$
\begin{aligned}
& n\,R\;(\tang \beta \sin (\lambda'' - L) - \tang \beta'' \sin (\lambda - L)) \\
& - n'\,R'\,(\tang \beta \sin (\lambda'' - L') - \tang \beta'' \sin (\lambda - L')) \\
(1)\quad & + n''R''(\tang \beta \sin (\lambda'' - L'') - \tang \beta'' \sin (\lambda - L'')) \\
& - n'\,\varrho'\,(\tang \beta \sin (\lambda'' - \lambda') - \tang \beta' \sin (\lambda'' - \lambda) \\
& \qquad\qquad + \tang \beta'' \sin (\lambda' - \lambda)) = 0.
\end{aligned}
$$

Es stelle (Fig. 4) $S$ den Mittelpunct der Sonne, $T$ den Mittelpunct der Erde und $L$ den Ort des Planeten dar,

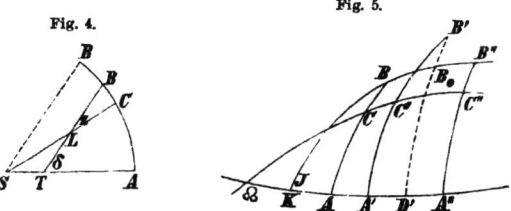

Fig. 4.

Fig. 5.

ferner seien (Fig. 5) $A, A', A''$ die drei heliocentrischen Orte der Erde auf der Himmelskugel, $B, B', B''$ die drei geocentrischen Orte des Himmelskörpers, $C, C', C''$ die heliocentrischen Orte desselben. Ist $K$ der Durchschnittspunct des grössten Kreises durch die äussersten geocentrischen Orte des Himmelskörpers (d. i. durch die Puncte $B$ $B''$) mit der Ecliptik, so werde die Länge dieses Punctes mit $K$, die Neigung des eben erwähnten grössten Kreises mit $J$ bezeichnet. Dabei ist

$$(2) \qquad \begin{aligned} \text{tang } \beta &= \sin (\lambda - K) \text{ tang } J \\ \text{tang } \beta'' &= \sin (\lambda'' - K) \text{ tang } J, \end{aligned}$$

aus welchen Gleichungen (ähnlich wie in Art. 13.) tang $J$ und $K$ erhalten werden, wobei tang $J$ positiv genommen wird.

Durch Einführung der Hülfsgrössen $J$ und $K$ erhält man mit Berücksichtigung der Formel I des Art. 5, indem man für $A$, $B$, $C$ resp. $\lambda - K$, $\lambda'' - K$, $L - K$ setzt

$$\begin{aligned} \text{tang } \beta \sin (\lambda'' - L) &- \text{tang } \beta'' \sin (\lambda - L) \\ &= \text{tang } J \sin (\lambda'' - \lambda) \sin (L - K), \end{aligned}$$

und Analoges für die übrigen Ausdrücke.

Die Gleichung (1) geht daher über in

$$(3) \quad \begin{aligned} &n \; R \; \sin (\lambda'' - \lambda) \sin (L - K) \text{ tang } J \\ &- n' \; R' \sin (\lambda'' - \lambda) \sin (L' - K) \text{ tang } J \\ &+ n'' R'' \sin (\lambda'' - \lambda) \sin (L'' - K) \text{ tang } J \\ &- n' \; \varrho' \; (\sin (\lambda'' - \lambda) \sin (\lambda' - K) \text{ tang } J \\ &\qquad - \text{tang } \beta' \sin (\lambda'' - \lambda)) = 0. \end{aligned}$$

Führt man die Hülfsgrösse $\beta_0$ ein durch die Gleichung

$$(4) \qquad \text{tang } \beta_0 = \sin (\lambda' - K) \text{ tang } J,$$

so folgt aus der Gleichung (3)

$$(5) \quad \frac{n' \sin (\beta' - \beta_0)}{\cos \beta_0 \text{ tang } J} \cdot \frac{\varrho'}{\cos \beta'} = -n R \sin (L - K) + n' R' \sin (L' - K) \\ - n'' R'' \sin (L'' - K).$$

Setzt man der Kürze halber

$$(6) \quad \frac{\sin (\beta' - \beta_0)}{\cos \beta_0 \text{ tang } J} = a_0, \quad \frac{R \sin (L - K)}{a_0} = b, \quad \frac{R' \sin (L' - K)}{a_0} = c,$$

$$\frac{R'' \sin (L'' - K)}{a_0} = d,$$

so wird aus (5)

(7) $$\frac{\varrho'}{\cos \beta'} = c - \frac{b\,n + d\,n''}{n'}.$$

Die Grösse $\beta_0$ ist vermöge der Gleichung (4) die Breite des Durchschnittspunctes $B_0$ des Breitenkreises $B'\,D'$ des zweiten Punctes $B'$ mit dem erwähnten grössten Kreise durch die beiden Puncte $B$ und $B''$.

Die Grösse $\beta' - \beta_0$, in der Fig. 5 durch den Bogen $B_0\,B'$ versinnlicht, hängt von der Krümmung des geocentrischen Weges $B\,B'\,B''$ ab, sie ist daher im Allgemeinen eine kleine Grösse zweiter Ordnung, wenn die Linie $B\,B'\,B''$ eine kleine Grösse der ersten Ordnung ist. Aus den Ausdrücken für $a_0$, $b$, $c$, $d$ ersieht man, dass $b$ und $d$ kleine Grössen der — 2ten, d. i. grosse Grössen der zweiten Ordnung sind. Nun ist $\frac{n}{n'} = \frac{\vartheta}{\vartheta'} \cdot \frac{y'}{y}$, $\frac{n''}{n'} = \frac{\vartheta''}{\vartheta'} \cdot \frac{y'}{y''}$. Die Grössen $y$, $y'$, $y''$ also auch die Grössen $\frac{y'}{y}$, $\frac{y'}{y''}$ weichen von der Einheit um kleine Grössen der zweiten Ordnung ab, wenn man die Zwischenzeiten als kleine Grössen der ersten Ordnung betrachtet. Würde man daher in der Gleichung (7) statt $\frac{n}{n'}$, $\frac{n''}{n'}$ die Näherungswerthe $\frac{\vartheta}{\vartheta'}$, $\frac{\vartheta''}{\vartheta'}$ setzen: so würde, wegen der grossen Factoren $b$ und $d$, die Grösse $\varrho'$ im Allgemeinen mit einem endlichen Fehler behaftet erhalten werden.

Schreibt man aber die Gleichung (7) in der Form

$$\frac{\varrho'}{\cos \beta'} = c - \frac{b\,n + d\,n''}{n + n''} \cdot \frac{n + n''}{n'},$$

so können für diese Form Annahmen gemacht werden, welche zu einem brauchbaren Werthe von $\varrho'$ führen.

Setzt man in dem Factor $\frac{b\,n + d\,n''}{n + n''}$ statt $\frac{n}{n'}$ das Verhältniss $\frac{\vartheta}{\vartheta''}$, so ist der Fehler im Allgemeinen nur eine kleine Grösse der ersten Ordnung; denn es ist

$$\varDelta = \frac{b\,n + d\,n''}{n + n''} - \frac{b\,\vartheta + d\,\vartheta''}{\vartheta + \vartheta''} = \frac{(b - d)\,\vartheta\,\vartheta''\,(y'' - y)}{(\vartheta + \vartheta'')\,(y''\,\vartheta + y\,\vartheta'')}.$$

Nun ist, weil $R''$ nahe $= R$ ist, $d - b$ nahe

$$= \frac{2\,R}{a_0}\,\sin\tfrac{1}{2}\,(L'' - L)\,\cos\left(\frac{L + L''}{2} - K\right),$$

also von der Ordnung $\dfrac{\sin\frac{1}{2}\,(L'' - L)}{a_0}$ d. i. von der Ordnung

$- 1$; $\vartheta\,\vartheta''$ von der Ordnung $+ 2$, $y'' - y$ von der Ordnung
$+ 2$, — also der Zähler der Differenz $\varDelta$ eine kleine Grösse
der dritten Ordnung. Der Nenner von $\varDelta$ ist eine kleine
Grösse zweiter Ordnung, also die Differenz $\varDelta$ im Allgemeinen von der ersten Ordnung.

Der Factor $\dfrac{n + n''}{n}$ ist nach Art. 8. Gleichung (20)

$$\frac{n + n''}{n'} = 1 + \frac{\vartheta\,\vartheta''}{2\,r\,r'\,r''\,y\,y''\,\cos f\,\cos f'\,\cos f''}.$$

Da die Cosinusse der Winkel $f$, $f'$, $f''$ von der Einheit
ebenfalls nur um Grössen zweiter Ordnung abweichen, so
ist auf einen Fehler vierter Ordnung genau $\dfrac{n + n''}{n} = 1 + \dfrac{\vartheta\,\vartheta''}{2\,r\,r'\,r''}$.
Die Verhältnisse $\dfrac{r}{r'}$, $\dfrac{r''}{r'}$ weichen, wenn man die Excentricität
der Bahn als eine kleine Grösse erster Ordnung betrachtet,
von der Einheit blos um kleine Grössen zweiter Ordnung
ab. Setzt man daher statt $\dfrac{\vartheta\,\vartheta''}{r\,r'\,r''}$ die Grösse $\dfrac{\vartheta\,\vartheta''}{r'^3}$, so wird
der Fehler von $\dfrac{n + n''}{n}$ nahe von der vierten Ordnung sein.

Fasst man das Vorhergehende zusammen, so erhält man
schliesslich folgendes Resultat:
In der Gleichung

$$\frac{\varrho'}{\cos\beta'} = c - \frac{b\,\vartheta + d\,\vartheta''}{\vartheta + \vartheta''}\left(1 + \frac{\vartheta\,\vartheta''}{2\,r'^3}\right)$$

ist der Fehler von $\varrho'$ im Allgemeinen nur eine kleine Grösse
der ersten Ordnung.

Setzt man die genauen Werthe

$$\frac{n''}{n} = P, \quad \frac{n + n''}{n'} = 1 + \frac{Q}{2\,r'^3},$$

so ist in aller Strenge

(8) $\quad P = \frac{\vartheta''}{\vartheta} \cdot \frac{y}{y''}, \quad Q = \frac{\vartheta\,\vartheta''\,r'^2}{y\,y''\,r\,r''}\,\cos f \cos f' \cos f''$

(9) $\quad \dfrac{\varrho'}{\cos \beta'} = c - \dfrac{b + d\,P}{1 + P}\left(1 + \dfrac{Q}{2\,r'^3}\right).$

Nimmt man in der Gleichung (9) für $P$ und $Q$ die Näherungswerthe $\frac{\vartheta''}{\vartheta}$ und $\vartheta\,\vartheta''$, so wird die Grösse $\varrho'$ im Allgemeinen mit einem Fehler erster Ordnung behaftet sein[4]).

## 16.

Nach der Gleichung (8) des Art. 11. ist

$$r'^2 = R'^2 + 2\,R'\,\frac{\varrho'}{\cos \beta'}\,\cos \delta' + \frac{\varrho'^2}{\cos \beta'^2},$$

wo $\cos \delta' = \cos \beta' \cos (\lambda' - L')$ ist, oder

$$r'^2 = R'^2 \sin \delta'^2 + \left(R' \cos \delta' + \frac{\varrho'}{\cos \beta'}\right)^2,$$

dabei bedeutet $\delta'$ den Bogen $A'\,B'$.

Setzt man $R' \sin \delta' = a'$, $R' \cos \delta' + \frac{\varrho'}{\cos \beta'} = x'$, so wird

(10) $\quad r'^2 = a'^2 + x'^2, \quad \dfrac{\varrho'}{\cos \beta'} = x' - R' \cos \delta',$

und die Gleichung (9) geht über in

$$x' = R' \cos \delta' + c - \frac{b + d\,P}{1 + P} - \frac{b + d\,P}{1 + P} \cdot \frac{Q}{2\,(a'^2 + x'^2)^{\frac{3}{2}}}$$

oder, wenn

$$R' \cos \delta' + c = e, \quad e - \frac{b + d\,P}{1 + P} = \lambda, \quad -\frac{b + d\,P}{1 + P} \cdot \frac{Q}{2} = \mu$$

gesetzt wird, in

(11) $\quad x' = \lambda + \dfrac{\mu}{(a'^2 + x'^2)^{\frac{3}{2}}}.$

Um $r'$ d. i. $\sqrt{a'^2 + x'^2}$ bequem zu berechnen, setze man $\tang z' = \frac{a'}{x'}$, so wird

$$\sqrt{a'^2 + x'^2} = r' = \frac{a'}{\sin z'} = \frac{x'}{\cos z'},$$

dabei bedeutet $z'$ den Bogen $C'\,B'$.

Aus der Gleichung (11) wird die Unbekannte $x'$ durch Versuche bestimmt, in der Regel wird $x'$ von $\lambda$ nicht sehr verschieden sein.

Ist $x'$ gefunden, so erhält man daraus $r'$ und $\varrho'$. Dann erhält man aus

$$n'' = n\,P, \quad \frac{n + n''}{n'} = 1 + \frac{Q}{2\,r'^3},$$

(12) $\qquad \dfrac{n}{n'} = \left(1 + \dfrac{Q}{2\,r'^3}\right) \dfrac{1}{1 + P}, \quad \dfrac{n''}{n'} = \dfrac{n}{n'}\,P.$

Hat man die Grösse $\varrho'$ und die Verhältnisse $\frac{n}{n'}$, $\frac{n''}{n'}$ gefunden, so erhält man aus den Gleichungen (3) und (4) des Art. 14. die Grössen $\varrho$ und $\varrho''$. Bequemer werden die Formeln, wenn man noch die Gleichung (5) desselben Art. benutzt.

Eliminirt man nämlich aus den Gleichungen (3) und und (4) die Grösse $n''\,R''$, so erhält man

$$n\,(\varrho \sin (\lambda - L'') + R \sin (L - L''))$$
$$- n'\,(\varrho' \sin (\lambda' - L'') + R' \sin (L' - L''))$$
$$+ n''\,\varrho'' \sin (\lambda'' - L'') = 0.$$

Eliminirt man aus dieser Gleichung und der Gleichung (5) die Grösse $n''\,\varrho''$, so wird:

$$n\,\varrho\;(\operatorname{tang} \beta \sin (\lambda'' - L'') - \operatorname{tang} \beta'' \sin (\lambda - L''))$$
$$- n'\,\varrho'\;(\operatorname{tang} \beta' \sin (\lambda'' - L'') - \operatorname{tang} \beta'' \sin (\lambda' - L''))$$
$$+ \operatorname{tang} \beta''\;(n\,R \sin (L'' - L) - n'\,R' \sin (L'' - L')) = 0.$$

Führt man für $\operatorname{tang}\beta$ und $\operatorname{tang}\beta''$ die Hülfsgrössen $J$ und $K$ ein, so wird der Coefficient von $n\,\varrho$

$$\operatorname{tang} J \sin (\lambda'' - \lambda) \sin (L'' - K).$$

Setzt man im Coefficienten von $n'\,\varrho'$

$$\tan \beta' = \tan \beta_0 + \tan \beta' - \tan \beta_0$$
$$= \tan J \sin (\lambda' - K) + \frac{\sin (\beta' - \beta_0)}{\cos \beta' \cos \beta_0},$$

so geht derselbe über in

$$\tan J \sin (\lambda'' - \lambda') \sin (L'' - K) + \frac{\sin (\beta' - \beta_0)}{\cos \beta' \cos \beta_0} \sin (\lambda'' - L'').$$

Ferner ist

$$n\,R \sin (L'' - L) - n'\,R' \sin (L'' - L')$$
$$= n\,R \sin (L'' - L) \left( 1 - \frac{n'\,R' \sin (L'' - L')}{n\,R \sin (L'' - L)} \right).$$

Setzt man

$$R\,R' \sin (L' - L) = N'', \quad R'\,R'' \sin (L'' - L') = N,$$
$$R\,R'' \sin (L'' - L) = N',$$

so wird

$$\frac{R' \sin (L'' - L')}{R \sin (L'' - L)} = \frac{N}{N'}.$$

Es ist daher

$$(13) \quad \varrho = \left( \frac{\sin (\lambda'' - \lambda')}{\sin (\lambda'' - \lambda)} + \frac{a_0 \sec \beta'}{\sin (\lambda'' - \lambda)} \cdot \frac{\sin (\lambda'' - L'')}{\sin (L'' - K)} \right) \cdot \frac{n'}{n}\,\varrho'$$
$$+ \frac{R \sin (L'' - L)}{\sin (\lambda'' - \lambda)} \cdot \frac{\sin (\lambda'' - K)}{\sin (\lambda'' - \lambda)} \left( \frac{N}{N'} \cdot \frac{n'}{n} - 1 \right).$$

Ebenso erhält man, indem man den ersten Ort mit dem dritten vertauscht:

$$(14) \quad \varrho'' = \left( \frac{\sin (\lambda' - \lambda)}{\sin (\lambda'' - \lambda)} - \frac{a_0 \sec \beta'}{\sin (\lambda'' - \lambda)} \cdot \frac{\sin (\lambda - L)}{\sin (L - K)} \right) \cdot \frac{n'}{n''}\,\varrho'$$
$$+ R'' \frac{\sin (L'' - L)}{\sin (\lambda'' - \lambda)} \cdot \frac{\sin (\lambda - K)}{\sin (L - K)} \left( \frac{N''}{N'} \cdot \frac{n'}{n''} - 1 \right).$$

Aus den Gleichungen (13) und (14) erhält man $\varrho$ und $\varrho''$.

Ist $\varrho, \varrho', \varrho''$ gefunden, so rechne man nach den Formeln (7) des Art. 11. und den analogen Formeln für den **zweiten** und **dritten** Ort, die heliocentrischen Längen, Breiten und Radien Vectoren des Himmelskörpers. Aus diesen Grössen kann man die Elemente nach Art. 13. und Art. 6. rechnen.

## 17.

Wie man ersieht, setzt diese Methode voraus, dass die Werthe von $P$ und $Q$ bekannt sind. Allein diese Grössen sind unbekannt; aber man kann dafür als erste Hypothese die Näherungswerthe $\frac{\vartheta''}{\vartheta}$ und $\vartheta\,\vartheta''$ setzen, und mit diesen Werthen führe man die Rechnung, jedoch nicht bis zum Schlusse, durch; sondern hat man die Grössen $r$, $r'$, $r''$ und $u$, $u'$, $u''$ ermittelt, so rechne man nach Art. 6. aus

$r$, $r'$; $u' - u = v' - v = 2f''$ und $\vartheta''$ die Grösse $y''$

$r'$, $r''$; $u'' - u' = v'' - v' = 2f$ „ $\vartheta$ „ „ $y$,

und damit neue Werthe von $P$ und $Q$ nach den Formeln

$$P = \frac{\vartheta''}{\vartheta} \cdot \frac{y}{y''}, \qquad Q = \frac{r'^2\,\vartheta\,\vartheta''}{r\,r''\,y\,y''\,\cos f\cos f'\cos f''}.$$

Mit diesen Werthen von $P$ und $Q$ wird die Rechnung wiederholt, diese Wiederholung geschieht so oft, bis man Werthe von $P$ und $Q$ bekommt, welche von den früheren gar nicht oder nur sehr wenig verschieden sind.

In dieser Hypothese, als letzten, führe man die Rechnung mit den Grössen $r$, $r'$, $v' - v$, $\vartheta''$, $y''$ und den Grössen $r'$, $r''$, $v'' - v'$, $\vartheta$, $y$ zu Ende. Die Uebereinstimmung dient als Controle. Sicherer verfährt man, namentlich bei ersten Bahnbestimmungen, wo die heliocentrische Bewegung in der Regel gering ist, wenn man in der letzten Hypothese aus den Grössen $l$, $l''$, $b$, $b''$; $r$, $r''$; $v'' - v$, $\vartheta'$ die Elemente der Bahn rechnet. Als Controle der Rechnung berechne man den mittleren Ort aus den erhaltenen Elementen.

Bei diesen verschiedenen Hypothesen für die Grössen $P$ und $Q$ ist es vortheilhaft, so viele Rechnungen als möglich von den Hypothesen unabhängig zu machen und auf unmittelbar gegebene Grössen zurückzuführen. Die Grössen $K$, tang $J$, $a_0$, $b$, $c$, $d$, $e$, $a'$ ... hängen nur von den gegebenen Beobachtungsdaten ab, werden daher nur einmal gerechnet. Dasselbe gilt auch von den Coefficienten von $\frac{n'}{n}\varrho'$, $\frac{N}{N'}\cdot\frac{n'}{n} - 1$, .. der Gleichungen (13) und (14).

Zusatz. Die Sicherheit dieser Rechnungen hängt hauptsächlich von der Bestimmung der Constanten tang $J$ und $K$ und von der Grösse des Bogens $B_0\,B' = \beta' - \beta_0$ ab. Fällt der erste geocentrische Ort mit dem dritten nahe zusammen, so kann man aus den Gleichungen (2) die Grössen tang $J$ und $K$ nicht genau bestimmen. Liegen die drei geocentrischen Orte $B$, $B'$, $B''$ nahe in einem grössten Kreise, so ist der Bogen $B_0\,B'$ eine kleine Grösse höherer Ordnung als zweiter; die dargestellte Methode der Bahnbestimmung ist daher nicht anwendbar. Dieser Fall tritt dann immer ein, wenn die Neigung der Bahn sehr klein ist (oder nahe $180^0$ beträgt).

## 18.

Zur Erläuterung dieser Methode soll folgendes von Gauss gegebenes Beispiel dienen*). Für den Planeten Juno sind als Beobachtungen und zugehörige Erdorte gegeben:

Beobachtungszeiten auf den Pariser Meridian reducirt.

1804 Oct. 5.458644

17.421885

27.393077

| | | |
|---|---|---|
| $\lambda\ = 354^0\ 44'\ 31''.60$ | | $\beta\ = -\ 4^0\ 59'\ 31''.06$ |
| $\lambda'\ = 352^0\ 34'\ 22''.12$ | | $\beta'\ = -\ 6^0\ 21'\ 55''.07$ |
| $\lambda''\ = 351^0\ 34'\ 30''.01$ | | $\beta''\ = -\ 7^0\ 17'\ 50''.95$ |
| $L\ =\ 12^0\ 28'\ 27''.76$ | | $\log R\ = 9.9996826$ |
| $L'\ =\ 24^0\ 19'\ 49''.05$ | | $\log R'\ = 9.9980979$ |
| $L''\ =\ 34^0\ 16'\ 9''.65$ | | $\log R''\ = 9.9969678,$ |

---

*) Eine solche Bahnbestimmung muss mit aller Schärfe gerechnet werden.

welche Grössen auf das mittlere Frühlings-Aequinox 1805.0 bezogen sind. Damit erhält man

$$\log \operatorname{tang} J = 9.8718259, \quad K = 1^0\, 28'\, 49''.34$$
$$\beta_0 = -\, 6^0\, 34'\, 31''.394$$
$$\log a_0 = 7.6953221$$
$$b = 38.43487$$
$$c = 77.976545$$
$$\log d = 2.0352814$$
$$R'\cos \delta' = 0.8413488$$
$$e = 78.817894$$
$$\log a' = 9.7262084.$$

Setzt man

$$\varrho = A\, \varrho'\, \frac{n'}{n} + B\left(\frac{N}{N'}\cdot\frac{n'}{n} - 1\right)$$
$$\varrho'' = A''\, \varrho'\, \frac{n'}{n''} + B''\left(\frac{N''}{N'}\cdot\frac{n'}{n''} - 1\right),$$

so wird

$$\log A = 9.6317132 \qquad \log B = 0.3290193$$
$$\log A'' = 9.7331305 \qquad \log B'' = 0.6134162$$
$$\log N : N' = 9.6657486 \qquad \log N'' : N' = 9.7441299$$
$$\log \vartheta = 9.2343285 \qquad \log \vartheta'' = 9.3134303.$$

Alle diese Zahlen sind von den verschiedenen Hypothesen für $P$ und $Q$ unabhängig.

In erster Hypothese setze man:

$$\log P = 0.0791018, \qquad \log Q = 8.5477588,$$

damit erhält man

$$\lambda = 2.189052$$
$$\log \mu = n\, 0.1311211.$$

Nun löse man die Gleichung

$$x' = \lambda + \frac{\mu}{(a'^2 + x'^2)^{\frac{3}{2}}}$$

nach $x'$ auf. Für die kleinen Planeten liegt $r' = \sqrt{a'^2 + x'^2}$ ungefähr zwischen 2 und 3. Ein Mittelwerth von $r'^3$ ist 17.

Man setze nun 3 log $r'$ = 1.00 und 3 log $r'$ = 1.30; damit erhält man $x'$ = 2.054 und $x'$ = 2.121.

Substituirt man diese Werthe in die obige Gleichung, so erhält man — 0.0066 und — 0.0613 als Fehler, und damit nach der *regula falsi* $x'$ = 2.0459 als genaueren Werth, aus welchem $x'$ = 2.045902 als definitiver Werth von $x'$ erhalten wird. Nun wird

$$\log \varrho' = 0.0781403, \qquad \log r' = 0.3251111$$
$$\log \varrho = 0.0651853, \qquad \log \varrho'' = 0.0961795$$
$$l = 2^0\ 56'\ 7''.96$$
$$l' = 6^0\ 57'\ 15''.19$$
$$l'' = 10^0\ 22'\ 37''.72$$
$$\log \text{tang } b = n\ 8.6769275 \qquad \log r = 0.3299972$$
$$\log \text{tang } b' = n\ 8.8013853 \qquad \log r' = 0.3251113$$
$$\log \text{tang } b'' = n\ 8.8835959 \qquad \log r'' = 0.3212583.$$

Aus $l$, $l''$, tang $b$, tang $b''$ erhält man

$$\Omega = 171^0\ 5'\ 46''.47$$
$$i = 13^0\ 2'\ 31''.68$$

und damit log tang $b'$ = $n$ 8.8013852. Die Uebereinstimmung der beiden Werthe von log $r'$ und log tang $b'$ dient als Controle.

Nun erhält man $u$ = 192^0 8' 36''.96 und

$$u' - u = 2f'' = 4^0\ 6'\ 44''.53$$
$$u'' - u' = 2f\ = 3^0\ 29'\ 47''.09$$
$$u'' - u = 2f'\ = 7^0\ 36'\ 31''.62.$$

Aus $r$, $r'$ $f''$ und $\vartheta''$ erhält man log $y''$ = 0.0003191.
Aus $r'$, $r''$, $f$ und $\vartheta$ erhält man log $y$ = 0.0002285.

Damit erhält man folgende Werthe von $P$ und $Q$

$$\log P = 0.0790112, \qquad \log Q = 8.5476184,$$

dabei weicht log $P$ von dem früheren um 906, log $Q$ um 1404 Einheiten der siebenten Decimale ab. Mit diesen neuen Werthen von $P$ und $Q$ wiederhole man die Rechnung.

Es wird
$$\lambda = 2.192683, \qquad \log \mu = n\ 0.1309601$$
und damit
$$x' = 2.050484, \qquad \log r' = 0.3260214$$
$$\log \varrho' = 0.0797892$$
$$\log \varrho = 0.0666582, \qquad \log \varrho'' = 0.0979442$$
$$l = 2^0\ 55'\ 13''.71$$
$$l' = 6^0\ 55'\ 24''.83$$
$$l'' = 10^0\ 19'\ 56''.40$$

$\log \text{tang } b = n\ 8.6776066, \qquad \log r = 0.3307925$

$\log \text{tang } b' = n\ 8.8021271, \qquad \log r' = 0.3260214$

$\log \text{tang } b'' = n\ 8.8843618, \qquad \log r'' = 0.3222617.$

Aus $l$, $l'$, tang $b$, tang $b''$ erhält man
$$\Omega = 171^0\ 7'\ 53''.84$$
$$i = 13^0\ 6'\ 54''.20$$

und damit $\log \text{tang } b' = 8.8021268$ als Controle. Ferner wird
$u = 192^0\ 5'\ 43''.45$ und
$$u' - u = 2f'' = 4^0\ 5'\ 51''.31$$
$$u'' - u' = 2f = 3^0\ 28'\ 58''.56$$
$$u'' - u = 2f' = 7^0\ 34'\ 49''.87$$
$$\log y = 0.0002270, \qquad \log y'' = 0.0003172.$$

Damit erhält man folgende neue Werthe von $P$ und $Q$
$$\log P = 0.0790116, \qquad \log Q = 8.5476326,$$

welche von den vorigen resp. um 4 und 142 Einheiten der siebenten Decimale abweichen. Diese Unterschiede sind so klein, dass eine nochmalige Wiederholung der Rechnung nicht mehr nöthig ist. Der grössere Unterschied in $\log Q$ hat, da $Q$ nur eine kleine Grösse zweiter Ordnung ist, auf die Rechnung keinen Einfluss.

Wegen der Kleinheit der heliocentrischen Bewegung rechne man $r$, $r''$, $u'' - u$ und $\vartheta'$ die Elemente in der Bahn. Diese Berechnung ist im Beispiele des Art. 6. durchgeführt.

Aus $u$ und $v$ erhält man

$$u - v = \Pi - \Omega = 241^0\ 9'\ 34.''06.$$

Stellt man die gefundenen Elemente zusammen, so erhält man für den Planeten Juno folgende Elemente:

Epoche 1804, Oct. 5. 458644

$$M = 329^0\ 44'\ 2''.84$$
$$\Pi = 312^0\ 17'\ 27''.90$$
$$\Omega = 171^0\ 7'\ 53''.84$$
$$i = 13^0\ 6'\ 54''.20$$
$$\varphi = 14^0\ 11'\ 16''.47$$
$$\mu = 824''.9663$$
$$\log a = 0.4223802.$$

Zur Controle rechne man aus den erhaltenen Elementen den mittleren Ort. Die mittlere Bewegung zwischen der ersten und zweiten Beobachtung beträgt $\mu t' = 9869''.27 = 2^0\ 44'\ 29''.27$, damit erhält man durch Addition zur Grösse $M$ die mittlere Anomalie

$$M' = 332^0\ 28'\ 32''.11,$$

und aus dieser nach Art. 3.

$$E' = 324^0\ 16'\ 33''.30$$
$$v' = 315^0\ 2'\ 0''.76$$
$$\log r' = 0.3260215.$$

Aus $v'$ erhält man $u'$ und damit nach (1) und (2) des Art. 10. die heliocentrische Länge und Breite $l'$ und $b'$. Aus $l'$, $b'$ und $r'$ erhält man nach (5) des Art. 11. die Coordinaten $x'$, $y'$, $z'$.

Aus $r'$ und $v'$ erhält man die Coordinaten $x'$, $y'$, $z'$, auch nach Art. 12.

Aus den heliocentrischen Coordinaten erhält man die geocentrischen und damit

$$\lambda' = 352^0\ 34'\ 22''.22$$
$$\beta' = -6^0\ 21'\ 55''.08$$
$$\log \varrho' = 0.0797895.$$

Der Fehler in $\lambda'$ beträgt $0''.10$, der Fehler in $\beta'$ beträgt $0''.01$. Man sieht, wie genau in diesem Beispiele die zweite Hypothese für $P$ und $Q$ die Beobachtungen darstellt. Bei grösseren Zwischenzeiten, etwa von hundert Tagen, werden selbst bei einer völlig unbekannten Bahn nur drei oder höchstens vier Hypothesen erforderlich sein. In diesem Falle besitzt man aber in der Regel bereits genäherte Elemente, aus welchen man sich die erste Hypothese für $P$ und $Q$ ableitet.

### Zweiter Abschnitt.

**Bestimmung einer parabolischen Bahn aus drei geocentrischen Beobachtungen nach der Methode von Olbers.**

#### 19.

Eliminirt man aus den Gleichungen (3), (4) und (5) des Art. 14. die Grössen $n'\varrho'$ und $n'R'$*), so erhält man folgende Gleichung

$$n\varrho \, (\tan\beta' \sin(\lambda - L') - \tan\beta \sin(\lambda' - L'))$$
$$+ n''\varrho'' \, (\tan\beta' \sin(\lambda'' - L') - \tan\beta'' \sin(\lambda' - L'))$$
$$- n R \tan\beta' \sin(L' - L) + n'' R'' \tan\beta' \sin(L'' - L') = 0,$$

oder indem man das Verhältniss $\varrho'' : \varrho$ bestimmt,

$$(1) \quad \frac{\varrho''}{\varrho} = \frac{n}{n''} \cdot \frac{\tan\beta' \sin(\lambda - L') - \tan\beta \sin(\lambda' - L')}{\tan\beta' \sin(\lambda'' - L') - \tan\beta' \sin(\lambda'' - L')}$$

$$\Big| \quad \frac{(-nR\sin(L' - L) + n''R''\sin(L'' - L'))\tan\beta'}{(\tan\beta'' \sin(\lambda' - L') - \tan\beta' \sin(\lambda'' - L'))\,n''\varrho}.$$

Das zweite Glied des Verhältnisses $\dfrac{\varrho''}{\varrho}$ ist

$$= \frac{\tan\beta' \, R \sin(L' - L)}{\varrho\,(\tan\beta'' \sin(\lambda' - L') - \tan\beta' \sin(\lambda'' - L'))} \left( \frac{R'' \sin(L'' - L')}{R \sin(L' - L)} - \frac{n}{n''} \right).$$

Nun ist

$$\frac{R'' \sin(L'' - L')}{R \sin(L' - L)} = \frac{R' R'' \sin(L'' - L')}{R R' \sin(L' - L)} = \frac{N}{N''}.$$

*) Vergl. die Ableitung der Gleichung (13) des Art. 16.

Die Verhältnisse $\frac{N}{N'}$, $\frac{n}{n'}$ weichen von den Verhältnissen $\frac{t}{t''} = \frac{\vartheta}{\vartheta''}$ der Zwischenzeiten nur um Grössen der zweiten Ordnung ab. Der Factor $\left(\frac{N}{N''} - \frac{n}{n''}\right)$ des zweiten Gliedes von $\frac{\varrho''}{\varrho}$ ist daher von der zweiten Ordnung; der Zähler des ersten Factors dieses Gliedes d. i. die Grösse

$$= \text{tang } \beta' \, R \sin (L' - L)$$

ist eine kleine Grösse erster Ordnung, der Nenner

$$= \varrho \, (\text{tang } \beta'' \sin (\lambda' - L') - \text{tang } \beta' \sin (\lambda'' - L'))$$

ebenfalls von der ersten Ordnung; denn dieser Ausdruck reducirt sich durch Einführung von Hülfsgrössen $J$ und $K$ auf: $- \text{tang } J \sin (L' - K) \sin (\lambda'' - \lambda')$. Der erste Factor ist daher eine endliche Grösse.

Es ist daher das zweite Glied des Verhältnisses $\frac{\varrho''}{\varrho}$ in der Gleichung (1) eine kleine Grösse der zweiten Ordnung. Vernachlässigt man daher dieses Glied, und setzt im ersten Gliede statt $\frac{n}{n''}$ die Grösse $\frac{t}{t''} = \frac{\vartheta}{\vartheta''}$; so erhält man, bis auf einen Fehler zweiter Ordnung genau,

$$(2) \qquad \frac{\varrho''}{\varrho} = \frac{t}{t''} \cdot \frac{\text{tang } \beta' \sin (\lambda - L') - \text{tang } \beta \sin (\lambda' - L')}{\text{tang } \beta'' \sin (\lambda' - L') - \text{tang } \beta' \sin (\lambda'' - L')},$$

oder $\varrho'' = M \varrho$, wo die Bedeutung von $M$ klar ist.

Nach Art. 11. ist, zufolge der Gleichung (8),

$$(3) \qquad r^2 = R^2 + 2 \, R \cos (\lambda - L) \, \varrho + \sec \beta^2 \, \varrho^2;$$

ebenso

$$(4) \quad r''^2 = R''^2 + 2 \, R'' \cos (\lambda'' - L'') \, M \varrho + \sec \beta''^2 \, M^2 \, \varrho^2.$$

Bedeutet $s$ die Sehne zwischen dem ersten und dritten Orte des Himmelskörpers, so ist

$$s^2 = (x'' - x)^2 + (y'' - y)^2 + (z'' - z)^2$$
$$= x''^2 + y''^2 + z''^2 + x^2 + y^2 + z^2 - 2 (xx'' + yy'' + zz'')$$
$$= r^2 + r''^2 - 2 (xx'' + yy'' + zz'').$$

Setzt man statt $x$, $y$, $z$; $x''$, $y''$, $z''$ ihre Werthe durch die geocentrischen Coordinaten ausgedrückt, so erhält man

(5)    $s^2 = r^2 + r''^2 - 2\,RR'' \cos(L'' - L) - 2\,(R\,M \cos(\lambda'' - L)$
    $+ R'' \cos(\lambda - L''))\,\varrho - 2\,(\cos(\lambda'' - \lambda) + \tan\beta \tan\beta'')\,M\varrho^2.$

Ist $t'$ die Zwischenzeit zwischen der ersten und dritten Beobachtung, so folgt nach der Lambert'schen Formel

(6)      $6\,k\,t' = (r + r'' + s)^{\frac{3}{2}} \mp (r + r'' - s)^{\frac{3}{2}}.$

Denkt man sich aus den Gleichungen (3), (4), (5) die Werthe von $r$, $r''$, $s$ in die Lambert'sche Gleichung (6) gesetzt, so geht diese in eine Gleichung über, welche blos die Unbekannte $\varrho$ enthält. Aus dieser Gleichung hat man daher diese Unbekannte zu bestimmen. Diese Bestimmung geschieht am einfachsten durch Versuche. Man nimmt für $\varrho$ einen Werth an, rechnet damit nach (3), (4), (5) die Grössen $r$, $r''$, $s$ und sieht, ob der Lambert'schen Formel (6) genügt wird. Man ändert nun $\varrho$ so lange, bis die Gleichung (6) erfüllt wird. Aus zwei Annahmen für $\varrho$, welche bereits der Wahrheit ziemlich nahe kommen, erhält man durch die *regula falsi* einen genauen Werth von $\varrho$. Aus $\varrho$ erhält man $\varrho'' = M\varrho$.

Mit den Grössen $\varrho$, $\varrho''$ und den geocentrischen Längen und Breiten rechne man $r$, $l$, $b$; $r''$, $l''$, $b''$ und hierauf nach Art. 13. und Art. 6. die Bahnelemente.

Mit den gefundenen Elementen rechne man den Ort des Himmelskörpers zur Zeit der mittleren Beobachtung. Stimmt dieser mit dem beobachteten überein, so ist die Rechnung beendet; weicht aber der berechnete Ort von dem beobachteten um mehr als die möglichen Beobachtungsfehler ab, so verändere man die Grösse $M$ so lange, bis die Darstellung des mittleren Ortes innerhalb der Grenze der Beobachtungsfehler gelingt. Man kann auch hier die *regula falsi* anwenden.

## 20.

Wie man ersieht, hesteht der Nerv der Olbers'schen Methode, welche ausschliesslich bei Kometenbahnen ange- wendet wird, in der Bestimmung des Verhältnisses $\varrho'' : \varrho$ und in der Anwendung der Lambert'schen Formel. Für das Verhältniss $\varrho'' : \varrho$ wurde die Annahme gemacht, dass man für $n'' : n$ und $N'' : N$ das Verhältniss der Zwischen- zeiten setzen könne, diese Annahme ist identisch mit der Voraussetzung, dass die Sehnen der Kometenbahn und der Erdbahn zwischen den äussersten Beobachtungen von den mittleren Radien Vectoren in dem Verhältnisse der Zeiten geschnitten werden, wie man aus $n'' : n = r \sin (v' - v) :$ $r'' \sin (v'' - v)$ und $N'' : N = R \sin (L' - L) : R'' \sin (L'' - L')$ ersieht. Für die Kometenbahn haben bereits Euler und Lambert diese Voraussetzung gemacht. Olbers dehnte diese Voraussetzung auch auf die Erdbahn aus und erhielt dadurch diese höchst einfache Methode der Berechnung einer Kometenbahn.

## 21.

Zur Erläuterung dieser Methode soll ein von Gauss gegebenes Beispiel dienen*). Für den zweiten Kometen vom Jahre 1813 hat man folgende Angaben.

| Mittlere Göttinger Zeit. | Länge. | Breite. |
|---|---|---|
| 1813 April 7.55002 | $\lambda = 271^0\ 16'\ 38''$ | $\beta = + 29^0\ 2'\ 0''$ |
| 14.54694 | $\lambda' = 266^0\ 27'\ 22''$ | $\beta' = + 22^0\ 52'\ 18''$ |
| 21.59931 | $\lambda'' = 256^0\ 48'\ 8''$ | $\beta'' = + 9^0\ 53'\ 12''$ |

$$L = 197^0\ 47'\ 41'' \qquad \log R = 0.00091$$
$$L' = 204^0\ 38'\ 45'' \qquad \log R' = 0.00175$$
$$L'' = 211^0\ 31'\ 25'' \qquad \log R'' = 0.00260.$$

*) Für Kometenbahnen genügt häufig eine fünfstellige Rechnung.

Damit erhält man

$$\log M = 9.75799, \qquad 6\,k\ell = 1.4501$$

$$r = \sqrt{1.00420 + 0.56981\,\varrho + 1.30810\,\varrho^2}$$

$$r'' = \sqrt{1.01205 + 0.81092\,\varrho + 0.33805\,\varrho^2}$$

$$s = \sqrt{0.05765 - 0.22389\,\varrho + 0.42612\,\varrho^2}.$$

Nun suche man (durch passende Wahl von $\varrho$) die Werthe von $r$, $r''$, $s$ so zu bestimmen, dass der Gleichung

$$(r + r'' + s)^{\frac{3}{2}} - (r + r'' - s)^{\frac{3}{2}} - 6\,k\ell = X = 0$$

genügt wird. Setzt man $\varrho = 1$, so wird $r = 1.70$, $r'' = 1.47$, $s = 0.51$ und $X = + 1.27$; also ist $\varrho$ zu gross. Setzt man $\varrho = \frac{1}{2}$, so wird $r = 1.26$, $r'' = 1.23$, $s = 0.23$ und $X = - 0.35$; also ist $\varrho$ zu klein. Aus den beiden Werthen für $X$ schliesst man, dass $\varrho$ nahe $= 0.6$ ist. Man erhält nun mit den Werthen $\varrho = 0.60$ und $\varrho = 0.65$

| $\varrho = 0.60$ | $\varrho = 0.65$ |
|---|---|
| $r = 1.34797$ | $r = 1.38830$ |
| $r'' = 1.27290$ | $r'' = 1.29690$ |
| $s = 0.27700$ | $s = 0.30358$ |
| $X = - 0.1055$ | $X = + 0.0598$ |

und damit $\varrho = 0.632\ldots$ Rechnet man nun mit $\varrho = 0.632$ und $\varrho = 0.637$, so wird

| $\varrho = 0.632$ | $\varrho = 0.637$ |
|---|---|
| $r = 1.37964$ | $r = 1.37770$ |
| $r'' = 1.28824$ | $r'' = 1.29065$ |
| $s = 0.29386$ | $s = 0.29656$ |
| $X = - 0.0125$ | $X = + 0.0022$ |

und damit $\varrho = 0.63625,$ woraus folgt

$$\log \varrho = 9.80364, \qquad \log \varrho'' = 9.56163$$

$l = 225^0\ 4'\ 22''$, $\log \mathrm{tang}\ b = 9.42381$, $\log r = 0.13896$

$l'' = 223^0\ 6'\ 55''$, $\log \mathrm{tang}\ b'' = 8.69316$, $\log r'' = 0.11068.$

Da $l > l'$ ist, so ist $i > 90^0$. Damit erhält man

$$i = 98^0 \ 58' \ 57''$$
$$\Omega = 42^0 \ 40' \ 8''$$
$$u = 164^0 \ 57' \ 1'', \qquad u'' = 177^0 \ 8' \ 36''.$$

Damit erhält man nach Art. 6.

$$\Pi = 247^0 \ 42' \ 25''$$
$$\log q = 0.08469.$$

Für die Perihelzeit $T$ erhält man

$$\text{aus } v \ ... \ T = \text{April } 49.518$$
$$\text{aus } v'' ... \ T = \text{April } 49.517$$
$$\text{also im Mittel } T = \text{Mai } 19.5175.$$

Berechnet man mit diesen Elementen den mittleren Kometenort (vergl. Art. 4.), so findet man

$$\lambda' = 266^0 \ 27' \ 15'', \qquad \beta' = + 22^0 \ 52' \ 18''.$$

Die Länge stimmt bis auf 7'', die Breite vollkommen mit der Beobachtung überein [5]).

---

# Dritter Abschnitt.

### Bestimmung einer elliptischen Bahn aus vier geocentrischen Beobachtungen, von denen nur zwei vollständig sind.

### 22.

Die im ersten Abschnitte dargestellte Methode, eine elliptische Bahn zu bestimmen, ist — wie bereits im Art. 17. erwähnt wurde — in manchen Fällen nicht anwendbar. In solchen Fällen kann man aus vier Längen und zwei Breiten die Bahn bestimmen.

Es seien also vier geocentrische Beobachtungen gegeben, der Bequemlichkeit der Rechnung halber werden die vier Längen und die beiden mittleren Breiten benützt; die äussersten Breiten sind nicht erforderlich, dienen jedoch schliesslich als Controle der Rechnung. Die Bedeutung der

Buchstaben ist hier dieselbe, wie im ersten Abschnitte;
d. h. es sind also

$$\lambda, \; \lambda_1, \; \lambda_2, \; \lambda_3$$
$$\beta, \; \beta_1, \; \beta_2, \; \beta_3$$

die Längen und Breiten des Himmelskörpers u. s. w.
$t_{01}, \; t_{02}, \; .. $ die Zwischenzeiten zwischen der ersten und
zweiten, ersten und dritten, ... Beobachtung. Analog ist
die Bedeutung von

$$n_{01}, \; n_{02}, \; .. \quad \text{und} \quad y_{01}, \; y_{02}, \; ..$$

als doppelte Dreiecksflächen und Verhältnisse des elliptischen Sectors zum zugehörigen Dreiecke.

Nach Art. 14. Gleichung (3) und (4) ist:

$$n_{12} \left( \varrho \cos \lambda + R \cos L \right) - n_{02} \left( \varrho_1 \cos \lambda_1 + R_1 \cos L_1 \right)$$
$$+ n_{01} \left( \varrho_2 \cos \lambda_2 + R_2 \cos L_2 \right) = 0,$$
$$n_{12} \left( \varrho \sin \lambda + R \sin L \right) - n_{02} \left( \varrho_1 \sin \lambda_1 + R_1 \sin L_1 \right)$$
$$+ n_{01} \left( \varrho_2 \sin \lambda_2 + R_2 \sin L_2 \right) = 0.$$

Eliminirt man aus diesen beiden Gleichungen die Grösse
$\varrho$, so erhält man

(1) $n_{12} R \sin (L - \lambda) - n_{02} \left( \varrho_1 \sin (\lambda_1 - \lambda) + R_1 \sin (L_1 - \lambda) \right)$
$\quad + n_{01} \left( \varrho_2 \sin (\lambda_2 - \lambda) + R_2 \sin (L_2 - \lambda) \right) = 0.$

Ebenso folgt aus der zweiten, dritten und vierten Beobachtung, indem man aus denselben Gleichungen des
Art. 14. die Grösse $\varrho_3$ eliminirt,

(2) $\quad n_{23} \left( \varrho_1 \sin (\lambda_1 - \lambda_3) + R_1 \sin (L_1 - \lambda_3) \right)$
$- n_{13} \left( \varrho_2 \sin (\lambda_2 - \lambda_3) + R_2 \sin (L_2 - \lambda_3) \right) + n_{12} R_3 \sin (L_3 - \lambda_3) = 0.$

Die Gleichung (1) läst sich umformen in

$$n_{12} R \sin (L - \lambda) - n_{02} \sin (\lambda_1 - \lambda) \cos \beta_1 \left( \frac{\varrho_1}{\cos \beta_1} + \frac{R_1 \sin (L_1 - \lambda)}{\cos \beta_1 \sin (\lambda_1 - \lambda)} \right)$$
$$+ n_{01} \sin (\lambda_2 - \lambda) \cos \beta_2 \left( \frac{\varrho_2}{\cos \beta_2} + \frac{R_2 \sin (L_2 - \lambda)}{\cos \beta_2 \sin (\lambda_2 - \lambda)} \right) = 0$$

oder in

$$\frac{n_{12}}{n_{01}} \cdot \frac{R \sin (L-\lambda)}{\cos \beta_2 \sin (\lambda_2 - \lambda)} - \frac{n_{02}}{n_{01}} \cdot \frac{\cos \beta_1 \sin (\lambda_1 - \lambda)}{\cos \beta_2 \sin (\lambda_2 - \lambda)} \left( \frac{\varrho_1}{\cos \beta_1} + \frac{R_1 \sin (L_1 - \lambda)}{\cos \beta_1 \sin (\lambda_1 - \lambda)} \right)$$

$$+ \frac{\varrho_2}{\cos \beta_2} + \frac{R_2 \sin (L_2 - \lambda)}{\cos \beta_2 \sin (\lambda_2 - \lambda)} = 0.$$

Setzt man analog mit der Gleichung (10), Art. 15.

$$\frac{\varrho_1}{\cos \beta_1} + R_1 \cos \delta_1 = x_1, \quad \frac{\varrho_2}{\cos \beta_2} + R_2 \cos \delta_2 = x_2,$$

so geht diese Gleichung über in

$$\frac{n_{12}}{n_{01}} v - \frac{n_{02}}{n_{01}} \mu_1 (x_1 + b_1) + x_2 + \varkappa_2 = 0,$$

wo der Kürze halber

$$\frac{R_1 \sin (L_1 - \lambda)}{\cos \beta_1 \sin (\lambda_1 - \lambda)} - R_1 \cos \delta_1 = b_1$$

$$\frac{R \sin (L - \lambda)}{\cos \beta_2 \sin (\lambda_2 - \lambda)} = v, \quad \frac{\cos \beta_1 \sin (\lambda_1 - \lambda)}{\cos \beta_2 \sin (\lambda_2 - \lambda)} = \mu_1$$

$$\frac{R_2 \sin (L_2 - \lambda)}{\cos \beta_2 \sin (\lambda_2 - \lambda)} - R_2 \cos \delta_2 = \varkappa_2$$

gesetzt wird. Setzt man $\frac{n_{12}}{n_{01}} = P_1$, so ist nach der Gleichung (12), Art. 15.

$$\frac{n_{01}}{n_{02}} = \left( 1 + \frac{Q_1}{2 r_1^3} \right) \frac{1}{1 + P_1}, \text{ also}$$

$$\frac{n_{02}}{n_{01}} = \frac{1 + P_1}{1 + \dfrac{Q_1}{2 (a_1^2 + x_1^2)^{\frac{3}{2}}}},$$

wo die Bedeutung von $Q_1$ klar ist.
Man erhält daher

$$P_1 v - \mu_1 (x_1 + b_1) \frac{1 + P_1}{1 + \dfrac{Q_1}{2 (a_1^2 + x_1^2)^{\frac{3}{2}}}} + \varkappa_2 + x_2 = 0.$$

Setzt man ausserdem

$$- \varkappa_2 - P_1 v = c_1, \quad \mu_1 (1 + P_1) = d_1,$$

so erhält man

(3) $$x_2 = c_1 + \frac{d_1 (x_1 + b_1)}{1 + \dfrac{Q_1}{2 (a_1^2 + x_1^2)^{\frac{3}{2}}}}.$$

Auf dieselbe Art erhält man aus der Gleichung (2), indem man

$$\frac{R_2 \sin (L_2 - \lambda_3)}{\cos \beta_2 \sin (\lambda_2 - \lambda_3)} - R_2 \cos \delta_2 = b_2$$

$$\frac{R_3 \sin (L_3 - \lambda_3)}{\cos \beta_1 \sin (\lambda_1 - \lambda_3)} = \nu_3, \quad \frac{\cos \beta_2 \sin (\lambda_2 - \lambda_3)}{\cos \beta_1 \sin (\lambda_1 - \lambda_3)} = \mu_2$$

$$\frac{R_1 \sin (L_1 - \lambda_3)}{\cos \beta_1 \sin (\lambda_1 - \lambda_3)} - R_1 \cos \delta_1 = \varkappa_1,$$

ferner

$$- \varkappa_1 - \nu_3 P_2 = c_2, \quad \mu_2 (1 + P_2) = d_2,$$

wo $P_2 = \frac{n_{12}}{n_{23}}$ ist, setzt

$$(4) \qquad x_1 = c_2 + \frac{d_2 (x_2 + b_2)}{1 + \dfrac{Q_2}{2 (a_2^2 + x_2^2)^{\frac{3}{2}}}}.$$

Der Gang der Rechnung ist nun derselbe wie im ersten Abschnitte: man rechnet zuerst die Constanten $a_1$, $a_2$, $b_1$, $b_2$, $\varkappa_1$, $\varkappa_2$, $\mu_1$, $\mu_2$, $\nu$, $\nu_3$; hierauf verschafft man sich aus den genauen Werthen

$$P_1 = \frac{\vartheta_{12}}{\vartheta_{01}} \cdot \frac{y_{01}}{y_{12}}, \quad P_2 = \frac{\vartheta_{12}}{\vartheta_{23}} \cdot \frac{y_{23}}{y_{12}},$$

$$Q_1 = \frac{\vartheta_{01} \vartheta_{12} r_1^2}{y_{01} y_{12} \, r r_2 \cos f_{01} \cos f_{02} \cos f_{12}}, \quad Q_2 = \frac{\vartheta_{12} \vartheta_{23} r_2^2}{y_{12} y_{23} \, r_1 r_3 \cos f_{12} \cos f_{13} \cos f_{23}}$$

in der ersten Hypothese die Werthe

$$P_1 = \frac{\vartheta_{12}}{\vartheta_{01}}, \quad P_2 = \frac{\vartheta_{12}}{\vartheta_{23}}, \quad Q_1 = \vartheta_{01} \vartheta_{12}, \quad Q_2 = \vartheta_{12} \vartheta_{23},$$

rechnet damit $c_1$, $d_1$, $c_2$, $d_2$ und löset dann die Gleichungen (3) und (4) nach $x_1$ und $x_2$ auf. Diese Auflösung geschieht durch Versuche. Man erhält in der Regel schon Näherungswerthe, wenn man $Q_1 = Q_2 = 0$ setzt, wodurch

$$x_1 = \frac{c_2 + d_2 (b_1 + c_1) + d_1 d_2 b_1}{1 - d_1 d_2}, \quad x_2 = \frac{c_1 + d_1 (b_1 + c_2) + d_1 d_2 b_2}{1 - d_1 d_2}$$

erhalten wird. Ist nun $\xi_1$ ein Näherungswerth von $x_1$, so setze man diesen in (3), erhält daraus $x_2 = \xi_2$, welcher

Werth in (4) gesetzt $x_1 = X_1$ gibt. Wiederholt man nun die Rechnung mit $x_1 = \xi_1 + \nu_1$, so erhalte man $x_2 = \xi_2 + \nu_2$ und $x_1 = X_1 + N_1$. Aus diesen Angaben erhält man nach der *regula falsi*[*)]

$$x_1 = \xi_1 + \frac{\nu_1(\xi_1 - X_1)}{N_1 - \nu_1}, \quad x_2 = \xi_2 + \frac{\nu_2(\xi_1 - X_1)}{N_1 - \nu_1}.$$

Aus $x_1$ und $x_2$ erhält man $\varrho_1$, $\varrho_2$ und damit (wie im ersten Abschnitte) die heliocentrischen Orte $r_1$, $r_2$; $l_1$, $l_2$; $b_1$, $b_2$; damit die Differenz der wahren Anomalien $v_2 - v_1 = u_2 - u_1$, woraus dann folgt, wegen

$$\frac{n_{12}}{n_{01}} = P_1 = \frac{r_2 \sin(v_2 - v_1)}{r \sin(v_1 - v)},$$

$$\frac{n_{02}}{n_{12}} = \frac{r \sin(v_2 - v)}{r_1 \sin(v_2 - v_1)} = \frac{1 + P_1}{P_1\left(1 + \dfrac{Q_1}{2\,r_1{}^3}\right)}$$

(5) $\qquad r \sin(v_1 - v) = \dfrac{r_2 \sin(v_2 - v_1)}{P_1}$ und

$$r \sin(v_2 - v) = \frac{1 + P_1}{P_1\left(1 + \dfrac{Q_1}{2\,r_1{}^3}\right)} r_1 \sin(v_2 - v_1),$$

oder da $\quad v_2 - v = v_2 - v_1 + (v_1 - v)$ ist,

(6) $\ r \cos(v_1 - v) = \dfrac{r_1(1 + P_1)}{P_1\left(1 + \dfrac{Q_1}{2\,r_1{}^3}\right)} - \cot(v_2 - v_1)\dfrac{r_2 \sin(v_2 - v_1)}{P_1}.$

Aus den Gleichungen (5) und (6) erhält man $r$ und $v_1 - v$.

Ebenso erhält man $r_3$ und $v_3 - v_2$ aus den Gleichungen

(7) $\qquad r_3 \sin(v_3 - v_2) = \dfrac{r_1 \sin(v_2 - v_1)}{P_2}$

(8) $\ r_3 \cos(v_3 - v_2) = \dfrac{r_2(1 + P_2)}{P_2\left(1 + \dfrac{Q_2}{2\,r_2{}^3}\right)} - \cot(v_2 - v_1)\dfrac{r_1 \sin(v_2 - v_1)}{P_2}.$

---

[*)] Es sind nämlich $A = \xi_1 - X_1$ und $A' = \xi_1 + \nu_1 - (X_1 + N_1)$ die Fehler der ersten und zweiten Substitution. Die Aenderungen der Unbekannten $x_1$ und $x_2$ sind resp. $\nu_1$ und $\nu_2$.

Nun bestimme man, wie im ersten Abschnitte, neue verbesserte Werthe von $P_1$, $P_2$, $Q_1$, $Q_2$; in letzter Hypothese führe man die Berechnung der Elemente zu Ende. Ist die heliocentrische Bewegung sehr klein, so kann man aus $r$, $r_3$, $v_3 - v$, $t_{03}$ die Elemente in der Bahn rechnen.

Mit den erhaltenen Elementen berechne man die beiden äussersten Orte; man ersieht dann mit welchem Grade der Genauigkeit die äussersten Breiten durch die gefundenen Elemente dargestellt werden.

---

## Vierter Abschnitt.
### Ueber die Vorbereitungsrechnungen bei Bahnbestimmungen.
### 23.

In den drei ersten Abschnitten wurde die Voraussetzung gemacht, dass die zur Bahnbestimmung verwendeten Beobachtungen die wahren geocentrischen Orte (Länge und Breite) des Himmelskörpers seien. Die Beobachtungen, wie sie unmittelbar gegeben sind, sind scheinbare Rectascensionen und Declinationen; es sind daher eine Reihe von Vorbereitungsrechnungen nöthig, um dieselben in geocentrische Länge und Breite zu verwandeln. Es soll daher hier zunächst die Theorie dieser Rechnungen gegeben werden.

### 1. Verwandlung von Rectascension und Declination in Länge und Breite und umgekehrt.
### 24.

Es seien $\alpha$, $\delta$ die Rectascension und Declination, $\lambda$, $\beta$ die Länge und Breite eines Sterns, $\varepsilon$ die Schiefe der Ecliptik.

Aus dem sphärischen Dreiecke zwischen Weltpol, Pol der Ecliptik und Stern folgt nach den drei Fundamentalgleichungen der sphärischen Trigonometrie:

1) Gegeben sei $\alpha$, $\delta$; man bestimme $\lambda$, $\beta$.

$$\cos \lambda \cos \beta = \cos \alpha \cos \delta$$
$$\sin \lambda \cos \beta = \sin \delta \sin \varepsilon + \cos \delta \cos \varepsilon \sin \alpha$$
$$\sin \beta = \sin \delta \cos \varepsilon - \cos \delta \sin \varepsilon \sin \alpha.$$

Setzt man
$$\cos \delta \sin \alpha = m \sin M$$
$$\sin \delta = m \cos M,$$

so wird
$$\sin \lambda \cos \beta = m \sin (M + \varepsilon), \quad \sin \beta = m \cos (M + \varepsilon),$$

also

(1) $$\operatorname{tang} \lambda = \operatorname{tang} \alpha \, \frac{\sin (M + \varepsilon)}{\sin M}$$

(2) $$\sin \beta = \sin \delta \, \frac{\cos (M + \varepsilon)}{\cos M},$$

wo $$\operatorname{tang} M = \sin \alpha \cot \delta \quad \text{ist.}$$

$M$ wird in demjenigen Quadranten genommen, für welchen $m$ positiv ist. Als Controle der Rechnung kann die Gleichung

$$\operatorname{tang} \beta = \sin \lambda \cot (M + \varepsilon)$$

benutzt werden.

2) Gegeben sei $\lambda$, $\beta$; man bestimme $\alpha$, $\delta$.

$$\cos \alpha \cos \delta = \cos \lambda \cos \beta$$
$$\sin \alpha \cos \delta = - \sin \beta \sin \varepsilon + \cos \beta \sin \lambda \cos \varepsilon$$
$$\sin \delta = \sin \beta \cos \varepsilon + \cos \beta \sin \lambda \sin \varepsilon.$$

Setzt man
$$\sin \beta = n \sin N$$
$$\cos \beta \sin \lambda = n \cos N,$$

so wird

(3) $$\operatorname{tang} \alpha = \operatorname{tang} \lambda \, \frac{\cos (N + \varepsilon)}{\cos N}$$

(4) $$\sin \delta = \sin \beta \, \frac{\sin (N + \varepsilon)}{\sin N},$$

wo $$\operatorname{tang} N = \frac{\operatorname{tang} \beta}{\sin \lambda} \quad \text{ist.}$$

Als Controle dient die Gleichung
$$\operatorname{tang} \delta = \sin \alpha \operatorname{tang} (N + \varepsilon).$$

## II. Parallaxe.

### 25.

Unter Parallaxe eines Planeten oder Kometen versteht man die Ortsveränderung, welche der Himmelskörper erleidet, wenn man denselben statt vom Mittelpuncte der Erde von einem Puncte der Oberfläche der Erde aus beobachtet. Die Erde kann man, wegen der Kleinheit der Parallaxe, als eine Kugel betrachten.

Man denke sich ein Coordinatensystem, in welchem der Aequator die $xy$-Ebene, der Mittelpunct der Erde der Coordinaten-Anfangspunct ist. Die positive $x$-Axe sei nach dem Frühlingspuncte, die positive $y$-Axe nach dem Puncte $90^0$ Rectascension gerichtet. Sind $X$, $Y$, $Z$ die Coordinaten des Beobachtungsortes, so ist

$$X = \varrho \cos \varphi \cos \Theta, \quad Y = \varrho \cos \varphi \sin \Theta, \quad Z = \varrho \sin \varphi,$$

wo $\varrho$ den Radius der Erde, $\varphi$ die geographische Breite und $\Theta$ die Sternzeit des Beobachtungsortes bedeutet.

Sind $x, y, z$ die Coordinaten des Himmelskörpers; $\alpha$, $\delta$ die Rectascension und Declination, $\varDelta$ die Entfernung vom Ursprunge, so ist

$$x = \varDelta \cos \delta \cos \alpha, \quad y = \varDelta \cos \delta \sin \alpha, \quad z = \varDelta \sin \delta.$$

Legt man durch den Beobachtungsort ein zweites paralleles Axensystem, sind $x'$, $y'$, $z'$ die Coordinaten und $\alpha'$, $\delta'$, $\varDelta'$ die mit der Parallaxe behaftete Rectascension, Declination und Entfernung des Himmelskörpers, so ist

$$x' = \varDelta' \cos \delta' \cos \alpha', \quad y' = \varDelta' \cos \delta' \sin \alpha', \quad z' = \varDelta' \sin \delta'.$$

Aus $x = x' + X$, $y = y' + Y$, $z = z' + Z$ folgt

(1)    $\varDelta' \cos \delta' \cos \alpha' = \varDelta \cos \delta \cos \alpha - \varrho \cos \varphi \cos \Theta$

(2)    $\varDelta' \cos \delta' \sin \alpha' = \varDelta \cos \delta \sin \alpha - \varrho \cos \varphi \sin \Theta$

(3)    $\varDelta' \sin \delta' \quad\quad = \varDelta \sin \delta \quad\quad - \varrho \sin \varphi.$

Aus diesen Gleichungen erhält man $\alpha'$, $\delta'$, $\varDelta'$ aus $\alpha$, $\delta$, $\varDelta$ und umgekehrt. Bequemer ist es aber unmittelbar $\alpha' - \alpha$, $\delta' - \delta$ zu bestimmen.

Multiplicirt man (1) mit $-\sin\alpha$, (2) mit $+\cos\alpha$ und addirt die Producte, so erhält man

$$\varDelta' \cos \delta' \sin (\alpha' - \alpha) = -\varrho \cos \varphi \sin (\Theta - \alpha).$$

Multiplicirt man (1) mit $+\cos\alpha$, (2) mit $+\sin\alpha$ und addirt die Producte, so erhält man

$$\varDelta' \cos \delta' \cos (\alpha' - \alpha) = \varDelta \cos \delta - \varrho \cos \varphi \cos (\Theta - \alpha).$$

Dividirt man die beiden letzten Gleichungen, so wird

$$\operatorname{tang} (\alpha' - \alpha) = \frac{-\varrho \cos \varphi \sin (\Theta - \alpha)}{\varDelta \cos \delta - \varrho \cos \varphi \cos (\Theta - \alpha)}.$$

Setzt man $\cos (\alpha' - \alpha) = 1 - 2 \sin \frac{1}{2} (\alpha' - \alpha)^2$, so geht die vorletzte Gleichung über in

$$\varDelta' \cos \delta' = \varDelta \cos \delta - \varrho \cos \varphi \cos (\Theta - \alpha)$$
$$+ 2 \varDelta' \cos \delta' \sin \tfrac{1}{2} (\alpha' - \alpha)^2$$
$$= \varDelta \cos \delta - \varrho \cos \varphi \cos (\Theta - \alpha)$$
$$+ \varDelta' \cos \delta' \sin(\alpha' - \alpha) \operatorname{tang} \tfrac{1}{2} (\alpha' - \alpha)$$
$$= \varDelta \cos \delta - \varrho \cos \varphi (\cos (\Theta - \alpha)$$
$$+ \sin (\Theta - \alpha) \operatorname{tang} \tfrac{1}{2} (\alpha' - \alpha))$$
$$= \varDelta \cos \delta - \varrho \cos \varphi \, \frac{\cos (\Theta - \frac{1}{2} (\alpha + \alpha'))}{\cos \frac{1}{2} (\alpha' - \alpha)}.$$

Setzt man der Kürze halber

$$m \sin \gamma = \sin \varphi$$
$$m \cos \gamma = \cos \varphi \, \frac{\cos (\Theta - \frac{1}{2} (\alpha + \alpha'))}{\cos \frac{1}{2} (\alpha' - \alpha)},$$

so wird

$$\varDelta' \cos \delta' = \varDelta \cos \delta - \varrho \, m \cos \gamma$$
$$\varDelta' \sin \delta' = \varDelta \sin \delta - \varrho \, m \sin \gamma;$$

woraus ähnlich wie früher folgt

$$\operatorname{tang} (\delta' - \delta) = \frac{-\frac{\varrho \sin \varphi}{\sin \gamma} \sin (\gamma - \delta)}{\varDelta - \frac{\varrho \sin \varphi}{\sin \gamma} \cos (\gamma - \delta)}.$$

Die Grösse $\varDelta'$ wird nicht benöthigt.

Die Grössen $\alpha' - \alpha$, $\delta' - \delta$ sind in der Regel sehr klein, man kann dann statt der Tangenten die Bögen setzen. Bezeichnet man die mittlere Entfernung der Erde von der Sonne mit $R$, so ist

$$\frac{\varrho}{\varDelta} = \frac{\varrho : R}{\varDelta : R}.$$

$\varrho : R$ ist der Sinus des Winkels, unter welchem der Radius der Erde von der Sonne aus erscheint, d. i. die Horizontalparallaxe der Sonne; bezeichnet man dieselbe mit $\pi$, so ist

$$\frac{\varrho}{R} = \sin \pi = \pi, \text{ da } \pi = 8''.9 \text{ ist.}$$

Die Grösse $\varDelta$ drückt man immer in Theilen von $R$ aus und bezeichnet diese Zahl mit $\varDelta$, so dass man statt $\dfrac{\varrho}{\varDelta}$ die Grösse $\dfrac{\pi}{\varDelta}$ setzen kann. Berücksichtiget man ferner, dass $\dfrac{a}{b+x} = \dfrac{a}{b}$ ist, wenn $x$ gegen $b$ sehr klein ist, so erhält man für die Grössen $\alpha' - \alpha$, $\delta' - \delta$ die Ausdrücke

$$\alpha' - \alpha = - \frac{\pi \cos \varphi \sin (\Theta - \alpha)}{\varDelta \cos \delta}$$

$$\tan \gamma = \frac{\tan \varphi}{\cos (\Theta - \alpha)}$$

$$\delta' - \delta = - \frac{\pi \sin \varphi \sin (\gamma - \delta)}{\varDelta \sin \gamma},$$

wenn man ausserdem statt $\Theta - \frac{1}{2} (\alpha + \alpha')$ die Grössen $\Theta - \alpha$ setzt. Die letzteren Ausdrücke erhält man etwas einfacher, wenn man in $\varDelta' \cos \delta' \cos (\alpha' - \alpha)$ die Grösse $\cos (\alpha' - \alpha) = 1$ setzt. Da $\pi$ in Secunden ausgedrückt ist, so erhält man dadurch $\alpha' - \alpha$, $\delta' - \delta$ unmittelbar in Secunden ausgedrückt.

Der Winkel $\Theta - \alpha$ ist der Stundenwinkel der Beobachtung, für den Meridian ist derselbe $= 0$, also

$$\alpha' - \alpha = 0, \quad \gamma = \varphi, \quad \delta' - \delta = - \frac{\pi \sin (\varphi - \delta)}{\varDelta}.$$

Setzt man in den gefundenen Ausdrücken statt der Rectascension und Declination die Länge und Breite des Gestirns, und nimmt statt $\Theta$ und $\varphi$ die daraus nach Art. 24. berechnete Länge $l$ und Breite $b$ des Beobachtungsortes, so erhält man die Ausdrücke für die Parallaxe in Länge nnd Breite.

## 26.

Die im vorigen Art. erhaltenen Ausdrücke für die Parallaxe setzen die Entfernung $\varDelta$ des Gestirns als bekannt voraus, für eine erste Bahnbestimmung kann daher diese Reduction nicht durchgeführt werden.

Will man dennoch die Parallaxe berücksichtigen, so kann man sich der folgenden (von Gauss gegebenen) Methode bedienen.

Gauss führt nämlich statt des Beobachtungsortes den Durchschnittspunct $F$ der von dem Beobachtungsorte nach dem Gestirne gezogenen Richtungslinie mit der Ecliptik ein.

Es seien $l, b, \varrho$ die Länge, Breite und Distanz des Beobachtungsortes auf den Mittelpunct der Erde bezogen.

$\lambda, \beta, \varDelta$ die Länge, Breite und Distanz des Gestirns in Bezug auf den Beobachtungsort.

$L, B, R$ die heliocentrische Länge, Breite und Distanz des Mittelpunctes der Erde.

$L', B', R'$ dieselben Grössen des Punctes $F$, wo also $B' = 0$ ist.

$\varDelta + \delta$ die Distanz des Gestirns vom Puncte $F$.

Nun bestimme man die rechtwinkligen Coordinaten $\xi$, $\eta$, $\zeta$ des Beobachtungsortes in Bezug auf die Sonne als

Coordinaten-Anfang und ein Axensystem wie in Art. 11. Diese Bestimmung kann auf zweifache Art durchgeführt werden:

1) Man gehe von der Sonne zum Puncte $F$ und von $F$ zum Beobachtungsort, man erhält für die Coordinaten $\xi$, $\eta$, $\zeta$ die Werthe

$$\xi = R' \cos L' + \delta \cos \beta \cos \lambda$$
$$\eta = R' \sin L' + \delta \cos \beta \sin \lambda$$
$$\zeta = \qquad\quad \delta \sin \beta.$$

2) Man gehe von der Sonne zum Mittelpuncte der Erde und von diesem Puncte zum Beobachtungsort, man erhält dadurch

$$\xi = R \cos B \cos L + \varrho \cos b \cos l$$
$$\eta = R \cos B \sin L + \varrho \cos b \sin l$$
$$\zeta = R \sin B \qquad + \varrho \sin b.$$

Durch Gleichstellung dieser Ausdrücke ergiebt sich durch eine ähnliche Rechnung wie im vorigen Artikel, wenn man statt $\cos B$, $\cos (L' - L)$ die Einheit, statt $\sin B$, $\sin (L' - L)$ die Bögen $B$, $L' - L$ setzt

$$R' = R + \pi \cos b \cos (l - L) - \mu \cos (\lambda - L)$$
$$L' - L = \frac{\pi \cos b \sin (l - L) - \mu \sin (\lambda - L)}{R'},$$

wo $\mu = (RB + \pi \sin b) \cot \beta$ ist.

Behält man in $R'$ die Grössen $\pi$ und $\mu$ in Secunden bei, so ist

$$R' = R + \frac{\pi \cos b \cos (l - L) - \mu \cos (\lambda - L)}{206265}.$$

Die Grösse $\delta = \frac{\mu}{\cos \beta}$ wird dadurch $= \frac{\mu}{206265 \cos \beta}.$

Da das Licht die mittlere Entfernung der Erde von der Sonne in 493 Secunden zurücklegt, so braucht es um die Distanz $\delta$ zurückzulegen die Zeit

$$\tau = 493\,\delta = \frac{493^s\,\mu}{206265\cos\beta};$$

diese Zeit muss zur Beobachtungszeit addirt werden, um die entsprechende Zeit für den Punct $F$ zu erhalten.

**Beispiel.**

$\lambda = 354^0\ 45'$, $\beta = -4^0\ 59'.5$, $l = 24^0\ 29'$, $b = 46^0\ 53'$
$L = 12^0\ 29'$, $B = +0''.49$, $\log R = 9.9995$, $\pi = 8''.6$.

Daraus folgt $\log \mu = n\ 1.8891$, und damit

$\log \pi \cos b \cos (l - L) \sin 1'' = 5.4452$
$\log \mu \cos (\lambda - L) \sin 1'' = n\ 6.5536$

Zahl $= +0.0000279$, Zahl $= -0.0003577$

$R' - R = +0.0003856$.

$\log \dfrac{\pi \cos b \sin (l - L)}{R'} = 0.0875$, $\log \dfrac{\mu \sin (\lambda - L)}{R'} = 1.3732$

Zahl $= +1''.22$, Zahl $= +23''.61$

$L' - L = -22''.39$;

Reduction der Zeit $= -0.19$ Secunden, also verschwindend.

## III. Aberration des Lichts.

### 27.

Unter **Aberration** versteht man jene scheinbare Ortsveränderung, welche ein Gestirn in Folge der Bewegung der Erde und der endlichen Geschwindigkeit des Lichts erleidet.

Die Ortsveränderung, welche in Folge der jährlichen Bewegung der Erde um die Sonne entsteht, heisst die **jährliche**, jene Ortsveränderung, welche in Folge der Axendrehung der Erde entsteht, die **tägliche** Aberration; wegen der Kleinheit der letzteren soll hier nur die erstere behandelt werden. Bei dieser Untersuchung genügt es die Erdbahn als einen Kreis mit dem Radius $R =$ der mittleren Entfernung vorauszusetzen.

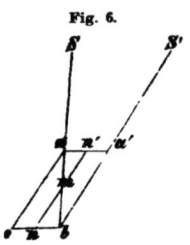

Fig. 6.

Es sei (Fig. 6) $S$ ein Stern in der Richtung $b\,a\,S$; legt das Licht den Weg $a\,b$ zurück, während die Erde\*) den Weg $c\,b$ macht, so muss das Fernrohr in die Lage $c\,a$ gebracht werden, so dass $a$ das Objectiv und $c$ das Ocular vorstellt: denn in dieser Lage bleibt das Licht beständig in der Axe des Fernrohres. Ist nämlich das Fernrohr in die parallele Lage $n\,n'$ gekommen, und ist $m$ der Durchschnitt der Geraden $n\,n'$ und $a\,b$, so folgt

$$a\,m : a\,b = c\,n : c\,b$$

oder $a\,m : c\,n = a\,b : c\,b = $ Verhältniss der Geschwindigkeiten des Lichtes und der Erde.

Ist daher $b\,a' \parallel c\,a$, so sieht man den Stern in der Richtung $b\,a'$ etwa in $S'$; es erleidet daher der Stern eine Ortsveränderung, welche gleich ist dem Winkel $\Theta = S\,b\,S' = a\,b\,a'$. Der grösste Werth dieses Winkels ist bestimmt durch

$$\tan \Theta = \frac{c\,b}{a\,b}$$

d. i. durch das Verhältniss der Geschwindigkeiten der Erde und des Lichtes; setzt man für diese ihre Werthe, so erhält man $\Theta = 20''.25$.

**28.**

Um den Einfluss der Aberration auf die Länge und Breite eines Fixsternes zu bestimmen: sei $L$ die heliocentrische Länge des Punctes $c$, $L + w$ die Länge des Punctes $b$; $\tau$ die Zeit, während die Erde von $c$ nach $b$ gelangt oder das Licht den Weg $a\,b$ zurücklegt, $\mu$ die Geschwindigkeit

---

\*) D. i. der Mittelpunct der Erde, in welchem das Auge des Beobachters vorausgesetzt wird.

des Lichtes, $l = c\,a = b\,a'$ die Länge des Fernrohres. Es seien ferner

$\lambda$, $\beta$ die wahre, durch die Richtung $b\,a$,

$\lambda'$, $\beta'$ die scheinbare, durch die Richtung $c\,a \parallel b\,a'$ bestimmte,
Länge und Breite des Sternes.

Man lege durch den Punct $c$ ein Axensystem, in welchem (wie in Art. 11) die $x$-Axe nach dem Frühlingspuncte, die $y$-Axe nach dem Puncte $90^0$ Länge gerichtet ist, und bestimme die Coordinaten des Punctes $a$. Dieses kann auf zweifache Art geschen.

1) Man erhält unmittelbar

$$l \cos \beta' \cos \lambda', \quad l \cos \beta' \sin \lambda', \quad l \sin \beta'$$

als Coordinaten von $a$.

2) Man gehe von $c$ zum Punct $b$ und von $b$ zum Punct $a$.

Da die Gerade $c\,b$ (als Tangente an die Erdbahn im Puncte $c$) mit der $x$ Axe den Winkel $90^0 + L$ bildet, so sind $c\,b \cos (90^0 + L)$, $c\,b \sin (90^0 + L)$, 0 oder, wegen $c\,b = R\,w$, $\qquad - R\,w \sin L, \quad R\,w \cos L, \quad 0$ die Coordinaten des Punctes $b$.

Ferner sind, wegen $a\,b = \mu\,\tau$,

$$\mu\,\tau \cos \beta \cos \lambda, \quad \mu\,\tau \cos \beta \sin \lambda, \quad \mu\,\tau \sin \beta$$

die Coordinaten von $a$ in Bezug auf $b$ als Anfang.

Es sind daher

$$- R\,w \sin L + \mu\,\tau \cos \beta \cos \lambda$$
$$- R\,w \cos L + \mu\,\tau \cos \beta \sin \lambda$$
$$\mu\,\tau \sin \beta$$

die Coordinaten von $a$ in Bezug auf $c$ als Anfang.

Man erhält daher durch Gleichstellung dieser Werthe

$$l \cos \beta' \cos \lambda' = \mu\,\tau \cos \beta \cos \lambda - R \sin L\,w$$
$$l \cos \beta' \sin \lambda' = \mu\,\tau \cos \beta \sin \lambda + R \cos L\,w$$
$$l \sin \beta' = \mu\,\tau \sin \beta.$$

Der Quotient $\frac{w}{\tau}$ ist die Winkel-Geschwindigkeit der Erde um die Sonne. Ist die Secunde die Zeiteinheit, so folgt, da die tägliche Bewegung der Erde um die Sonne $= \frac{360^0}{365.2564} = 59' \, 8''.2$ beträgt, für die Bewegung in einer Zeitsecunde $= \frac{59' \, 8''.2}{86400} = 0''.041067$, welche Grösse hier in Theile des Halbmessers zu verwandeln ist.

Aus den obigen Gleichungen folgt auf die bekannte Weise

$$\lambda' - \lambda = \frac{R}{\mu} \cdot \frac{w}{\tau} \cos (L - \lambda) \sec \beta$$

$$\beta' - \beta = \frac{R}{\mu} \cdot \frac{w}{\tau} \sin (L - \lambda) \sin \beta.$$

Da $\frac{R}{\mu} =$ Anzahl der Zeitsecunden, in welcher das Licht die Entfernung $R$ zurücklegt $= 493.2$ Secunden (nach Delambre), so ist

$$\frac{R}{\mu} \cdot \frac{w}{\tau} = 493.2 \times 0''.041067 = 20''.25 = C,$$

welcher Ausdruck in Secunden beibehalten wird, um $\lambda' - \lambda$, $\beta' - \beta$ unmittelbar in Secunden zu erhalten. Es ist daher

$$\lambda' - \lambda = 20''.25 \cos (L - \lambda) \sec \beta$$
$$\beta' - \beta = 20''.25 \sin (L - \lambda) \sin \beta.$$

Zusatz I. Man denke sich an der Himmelskugel ein Coordinatensystem; den wahren Ort $\lambda$, $\beta$ des Sterns als Coordinaten-Anfang, die Berührungsebene an die Kugel als $xy$ Ebene, die $x$ Axe parallel zur Ecliptik. Die Coordinaten $\xi$, $\eta$ des Punktes $\lambda'$, $\beta'$ werden

$$\xi = (\lambda' - \lambda) \cos \beta = C \cos (L - \lambda)^*)$$
$$\eta = \beta' - \beta \qquad = C \sin (L - \lambda) \sin \beta.$$

---

*) Ist $l$ der Bogen eines Parallelkreises, $L$ der zugehörige des grössten Kreises, $\varphi$ der Abstand beider Kreise, so ist $l = L \cos \varphi$.

Aus diesen Gleichungen folgt

$$\frac{\xi^2}{C^2} + \frac{\eta^2}{(C \sin \beta)^2} = 1,$$

d. h. der scheinbare Ort $\lambda'$, $\beta'$ eines Sternes beschreibt um den wahren Ort $\lambda$, $\beta$ auf der Himmelskugel in einem Jahre eine Ellipse, deren Axen $2\,C$, $2\,C \sin \beta$ sind.

Zusatz 2. Unter jährlicher Parallaxe der Fixsterne versteht man jene Ortveränderung, welche die Sterne erleiden, indem man sie statt von der ruhenden Sonne von der um letztere sich bewegenden Erde aus beobachtet.

Sind $\lambda$, $\beta$, $\varDelta$ die heliocentrische; $\lambda'$, $\beta'$, $\varDelta'$ die geocentrische Länge, Breite und Distanz eines Sternes, so ist

$$\varDelta' \cos \beta' \cos \lambda' = \varDelta \cos \beta \cos \lambda - R \cos L$$
$$\varDelta' \cos \beta' \sin \lambda' = \varDelta \cos \beta \sin \lambda - R \sin L$$
$$\varDelta' \sin \beta' \qquad = \varDelta \sin \beta,$$

woraus folgt

$$\lambda' - \lambda = - D \sin (L - \lambda) \sec \beta$$
$$\beta' - \beta = \quad D \cos (L - \lambda) \sin \beta,$$

wo $D = \sin D = \dfrac{R}{\varDelta}$ gesetzt wurde. Die Grösse $D$ heisst die jährliche Parallaxe der Fixsterne.

Setzt man in den Formeln für die Aberration statt $L$ die Grösse $90^0 + L$, statt $C$ die Grösse $D$, so erhält man die Ausdrücke für die Parallaxe. Der Verlauf der beiden Erscheinungen ist also im allgemeinen derselbe, nur sind sie um ein Vierteljahr verschieden.

Die Erscheinung der Aberration wurde von dem englischen Astronomen James Bradley beim Suchen nach der Parallaxe der Fixsterne entdeckt und erklärt.

## 29.

Hat das Gestirn eine eigene Bewegung, wie dies bei den Planeten und Kometen der Fall ist, so geschieht die Berechnung der Aberration anders.

Fig. 7.

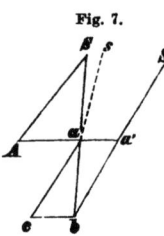

Es seien (Fig. 7) $S$, $A$ die Orte des Himmelskörpers und des Objectivs zur Zeit $T$; $s$, $a$ die resp. Orte zur Zeit $t$, wo $t - T$ die Zeit ist, während welcher das Licht den Weg $Sa$, die Erde den Weg $Aa$ zurücklegt. Der Lichtstrahl $SA$ trifft das Objectiv nicht, sondern der Strahl $Sa$; damit dieser in das Auge des Beobachters kommt, muss das Fernrohr die Richtung $ca$ haben, wo $cb = aa'$ der Weg der Erde in der Zeit ist, während das Licht den Weg $ab$ zurücklegt. Ist $t'$ die Zeit, zu welcher das Licht das Ocular $b$ erreicht, d. h. die Beobachtungszeit, so ist, weil man innerhalb der kleinen Zeit $t' - T$ die Bewegung der Erde geradlinig und gleichförmig betrachten kann, und das Licht eine constante Geschwindigkeit hat

$$Aa : aa' = t - T : t' - t$$
$$Sa : ab = t - T : t' - t,$$

also $\quad Aa : aa' = Sa : ab$, und da $\measuredangle\, AaS = a'ab$ ist, so folgt $\qquad SA \parallel a'b$ oder $ac$; d. h.

Der scheinbare Ort des Gestirns zur Zeit $t'$ ist gleich dem wahren Orte zur Zeit $T$. Setzt man $Sb = \varDelta$, so ist die Zeit $\tau = t' - T$, welche das Licht braucht, um den Weg $\varDelta$ zurückzulegen $= 493^{s}.2\, \varDelta$, also

$$T = t' - 493^{s}.2\, \varDelta.$$

Daraus ergeben sich folgende Regeln der Berücksichtigung der Aberration:

1) Man nehme statt der Beobachtungszeit $t'$ die Zeit $T$.

2) Man befreie den beobachteten Ort von der durch die Formeln des Art. 28 bestimmten Fixstern-Aberration, wodurch man die Richtung $b\,a$ erhält; diese Richtung ist diejenige, in welcher man den wahren Ort $S$ des Gestirns zur Zeit $T$ von dem Orte $b$ der Erde zur Zeit $t'$ erblickt. Diese Methode ist bei einer ersten Bahnbestimmung die bequemste.

## IV. Präcession und Nutation.

### 80.

Unter Präcession und Nutation versteht man den Inbegriff aller Veränderungen, welche der Aequator und die Ecliptik in ihren Lagen erleiden. Diese Veränderungen sind eine Folge der Anziehung des Mondes, der Sonne und der grösseren Planeten auf die abgeplattete und um ihre Axe rotirende Erde. Diese Veränderungen sind theils (hauptsächlich) der Zeit proportional, theils periodisch; erstere heissen Präcession, letztere Nutation.

Die Präcession besteht in dem Zurückgehen der Nachtgleichenpunkte und der Veränderung der Schiefe der Ecliptik; dieses Zurückweichen beträgt im Jahre $1750 + t$ die Grösse

$$l' = 50''.211 + 0''.000244\,t,$$

also von 1750 bis $1750 + t$

$$l = 50''.211\,t + 0''.000122\,t^2.$$

Der Winkel des Aequators von $1750 + t$ mit der Ecliptik von $1750 + t$ ist

$$\varepsilon = 23^0\,28'\,18''.0 - 0''.484\,t,$$

dieser Winkel heisst die mittlere Schiefe der Ecliptik.

Die Präcession der Nachtgleichen, wodurch die Längen der Sterne um dieselbe Grösse zunehmen, wurde von

Hipparch (130 v. Chr.) durch Vergleichung mit den
150 Jahre älteren Beobachtungen des Timocharis entdeckt.

Die Nutation enthält die periodischen Veränderungen,
dieselbe hängt hauptsächlich von der Länge des Monds-
knotens ab; die Veränderungen der Länge eines Sterns und
der Schiefe der Ecliptik sind resp.

$$\varDelta \lambda = -17''.2 \sin \Omega, \quad \varDelta \varepsilon = +9''.2 \cos \Omega,$$

wo $\Omega$ die Länge des aufsteigenden Knotens des Mondes bedeutet. Da die Knotenlinie des Mondes innerhalb 19 Jahren
einen Umlauf macht, so ist die Wirkung der Nutation
ähnlich jener der Aberration. Die Nutation wurde ebenfalls
von Bradley entdeckt.

Man nennt die Durchschnittspuncte des wahren Aequators mit der wahren Ecliptik zur Zeit $t$ die wahren oder
scheinbaren Aequinoctialpuncte, den Winkel derselben
Ebenen die wahre oder scheinbare Schiefe der Ecliptik,
die von dem wahren Frühlingspuncte gezählten Längen die
wahren oder scheinbaren Längen. Befreit man die
Längen von der Nutation und ebenso die Schiefe der
Ecliptik, so erhält man die mittleren Längen und die
mittlere Schiefe der Ecliptik. Die mittleren Längen der
Sterne werden daher von dem Frühlingspuncte des oben
bestimmten Aequators mit der Ecliptik zur Zeit $1750 + t$
gezählt; dieser Punct heisst das mittlere Frühlings-
Aequinoctium von $1750 + t$.

### 31.

Man kann die Veränderungen der Lage der Sterne in
Länge und Breite in die entsprechenden Veränderungen der
Rectascension und Declination verwandeln. Durch die Beobachtung erhält man die scheinbare mit Aberration und Parallaxe behaftete Rectascension und Declination des Gestirns.

Ist das Gestirn ein Fixstern, so befreit man die Beobachtung von der Aberration und Nutation, wodurch man die mittlere Rectascension und Declination zur Zeit der Beobachtung erhält. Vermittelst der bekannten Präcession kann man diese mittlere Position auf ein bestimmtes Aequinoctium und den zugehörigen Aequator beziehen. In dieser Weise sind die Fixstern-Verzeichnisse angelegt.

Ist das Gestirn ein Planet, so befreit man die Beobachtung von der Parallaxe, wodurch man den scheinbaren geocentrischen Ort erhält; diese Position befreit man noch von der Aberration und Nutation, wodurch man den mittleren Ort zur Zeit der Beobachtung erhält, welchen man wieder auf ein bestimmtes Aequinoctium reduciren kann.

Die zur Bahnbestimmung zu verwendenden Beobachtungen müssen auf ein gemeinsames mittleres Aequinoctium und die zugehörige mittlere Grundebene (Aequator oder Ecliptik) bezogen werden.

## 82.

Um die im Vorhergehenden angegebenen Reductionen zu erläutern, mögen dieselben an den Beobachtungen des Beispieles des Art. 18. vorgenommen werden. Für den Planeten Juno gibt Gauss (theoria motus, art. 150) folgende Daten:

| Mittlere Zeit Greenwich. | Scheinbare Rectascension. | Scheinbare Declination. |
|---|---|---|
| 1804 Oct. 5 $10^h$ $51^m$ $6^s$ | $357^0$ $10'$ $22''.35$ | — $6^0$ $40'$ $8''$ |
| 17 $9^h$ $58^m$ $10^s$ | $355^0$ $43'$ $45''.30$ | — $8^0$ $47'$ $25''$ |
| 27 $9^h$ $16^m$ $41^s$ | $355^0$ $11'$ $10''.95$ | — $10^0$ $2'$ $28''$. |

Aus den Sonnentafeln*) findet man für dieselben Zeiten:

*) Statt der Sonnentafeln bedient man sich gegenwärtig viel bequemer des Berliner astronomischen Jahrbuches. Auf den Seiten II der Sonnenephemeride findet man die Länge, Breite und den Abstand der Sonne, auf Seite 100 (neuerer Einrichtung) die Schiefe der Ecliptik, Präcession und Nutation.

| Datum. | Scheinbare Länge der Sonne. | Abstand von der Erde. | Breite der Sonne. |
|---|---|---|---|
| Oct. 5 | 192° 28′ 53″.72 | 0.9988839 | — 0″.49 |
| 17 | 204° 20′ 21″.54 | 0.9953968 | + 0″.79 |
| 27 | 214° 16′ 52″.21 | 0.9928340 | — 0″.15 |

| Nutation. | Scheinb. Schiefe der Ecliptik. |
|---|---|
| + 15″.43 | 23° 27′ 59″.48 |
| + 15″.51 | 59″.26 |
| + 15″.60 | 59″.06. |

Da die Entfernungen des Planeten von der Erde unbekannt sind, so kann man die Beobachtungen nicht unmittelbar von der Parallaxe und Aberration befreien. Man verwandle zunächst die scheinbaren Rectascensionen und Declinationen mit Anwendung der scheinbaren Schiefe der Ecliptik (nach Art. 24. Gl. (1) und (2)) in scheinbare Längen, Breiten, wodurch man erhält:

| Datum. | Scheinbare Länge der Juno. | Scheinbare Breite der Juno. |
|---|---|---|
| Oct. 5 | 354° 44′ 54″.27 | — 4° 59′ 31″.59 |
| 17 | 352° 34′ 44″.51 | — 6° 21′ 56″.25 |
| 27 | 351° 34′ 51″.57 | — 7° 17′ 52″.70. |

Addirt man zu den Sonnenlängen 180° und verwandelt man die Breiten in die entgegengesetzten, so erhält man die Erdorte.

Nun bestimme man nach denselben Formeln für die drei Beobachtungen die Länge und Breite des Beobachtungsortes.

Für Greenwich ist $\varphi = 51° 28′ 39″$; da die Beobachtungen im Meridiane angestellt sind, so sind die Rectascensionen der Juno gleich den Sternzeiten der Beobachtungen.

Man erhält für den Beobachtungsort

| Datum. | Länge. | Breite. |
|--------|--------|---------|
| Oct. 5 | 24⁰ 29′ | 46⁰ 53′ |
| 17 | 23⁰ 25′ | 47⁰ 24′ |
| 27 | 23⁰ 1′ | 47⁰ 36′. |

Nun nehme man nach Art. 26. die den Erdorten entsprechenden Puncte $F$; man erhält

| Datum. | $L' - L$ | $R' - R$ | Reduction der Zeit. |
|--------|----------|----------|---------------------|
| Oct. 5 | — 22″.39 | + 0.0003856 | — 0ˢ.19 |
| 17 | — 27″.21 | + 0.0002329 | — 0ˢ.12 |
| 27 | — 35″.82 | + 0.0002085 | — 0ˢ.12. |

Die Reduction der Zeit ist also verschwindend.

Nun ziehe man von den Längen der Erde die Nutation ab, und reducire dann dieselben auf ein mittleres Frühlings-Aequinoctium; Gauss wählt das für den Anfang des Jahres 1805. Die jährliche Präcession beträgt im Jahre 1804 : 50″.22, also bis zum Beginn des Jahres 1805 beträgt dieselbe für die drei Beobachtungen resp. 11″.87, 10″.23, 8″.86, welche Grössen zu den Längen dazu addirt werden, weil dieselben mit der Zeit wachsen.

Die Aberration berücksichtiget man nach der in Art. 29. 2) angegebenen Methode: man befreit die Beobachtungen von der Fixstern-Aberration, diese beträgt für die Längen resp. + 19″.12, + 17″.11, + 14″.82; für die Breite — 0″.53, — 1″.18, — 1″.75, welche Grössen von den Beobachtungen subtrahirt werden. Für die Erdorte sind nun die Beobachtungszeiten, für die Juno-Orte die um die Lichtzeit 493ˢ $\varDelta$ verminderten Zeiten zu nehmen. Man vernachlässigt in erster Hypothese diese Reduction der Zeit, und führt bei der Berechnung der Werthe von $P$ und $Q$ in letzter Hypothese die verbesserten Zwischenzeiten ein.

Bringt man nun an die Beobachtungen sämmtliche hier angegebenen Correctionen an, so erhält man die in Art. 18. gegebenen Daten. Die Beobachtungszeiten gibt man in Decimaltheile eines Tages statt in Stunden, Minuten und Secunden an.

$$\text{Es ist} \qquad 1^h = 0.0416667$$
$$1^m = 0.0006944$$
$$1^s = 0.0000116 \text{ Tage.}$$

Bei der Methode des ersten Abschnittes erhält man unmittelbar die drei Distanzen des Planeten von der Erde. Rechnet man mit den gefundenen Werthen der ersten Hypothese

$$\log \frac{\varrho}{\cos\beta} = 0.06685, \quad \log \frac{\varrho'}{\cos\beta'} = 0.08083, \quad \log \frac{\varrho''}{\cos\beta''} = 0.09971$$

die Correctionen der Zeiten, so erhält man, da $493^s =$ 0.005706 Tage ist:

$$- 0.006655, \; - 0.006873, \; - 0.007179 \text{ Tage};$$

und damit die verbesserten Zeiten

$$\text{Oct. 5. 451989}$$
$$17. \; 415012$$
$$27. \; 385898,$$

woraus $\quad t'' = 11.963023, \quad \log\vartheta'' = 9.3134223$
$$t \; = \; 9.970886, \quad \log\vartheta \; = 9.2343153$$

folgt. Berechnet man mit diesen Werthen die zweite Hypothese von $P$ und $Q$, so erhält man

$$\log P = 0{,}0790164, \quad \log Q = 8.5475972,$$

mit welchen Werthen die zweite Hypothese (und ebenso, wenn nöthig, die folgenden) gerechnet wird. Dadurch ist auf alle Correctionen der Beobachtungen Rücksicht genommen.

Zusatz. Bei der Methode des dritten Abschnittes erhält man unmittelbar $\frac{\varrho_1}{\cos \beta_1}$ und $\frac{\varrho_2}{\cos \beta_2}$. Für die erste und vierte Beobachtung erhält man $\varrho$, $\varrho_3$ aus den bereits bekannten Werthen $r$ und $r_3$.

Es ist nämlich

$$\frac{\varrho}{\cos \beta} = x - R \cos \delta, \quad x = \sqrt{r^2 - R^2 \sin \delta^2},$$

wo $\cos \delta = \cos \beta \cos (\lambda - L)$ ist.

Setzt man

$$\frac{R \sin \delta}{r} = \sin \varphi, \text{ so wird } x = r \cos \varphi, \frac{\varrho}{\cos \beta} = r \cos \varphi - R \cos \delta.$$

Ebenso findet man die Distanz $\frac{\varrho_3}{\cos \beta_3}$.

---

## Fünfter Abschnitt.

### Bahnbestimmungen aus einer grösseren Reihe von Beobachtungen.

### 88.

Zur Vergleichung der Beobachtungen mit den aus den zugehörigen Elementen berechneten Orten eines Himmelskörpers bedient man sich einer Ephemeride d. i. einer Tafel, welche die in constanten Intervallen berechneten Orte des Himmelskörpers enthält. Vermittelst einer solchen über die ganze Zeit der Beobachtungsreihe sich erstreckenden Ephemeride kann man man sich durch Interpolation jeden Ort leicht verschaffen. Für die grösseren Planeten rechnet man die Ephemeriden für das ganze Jahr, für die kleinen Planeten meist nur für den Monat der Opposition, weil sie um diese Zeit der Erde am nächsten, und daher am besten zu beobachten sind.

Um eine Ephemeride zu berechnen, bestimmt man die mittlere Anomalie der ersten Position, addirt dann fortgesetzt die dem Intervalle entsprechende mittlere Bewegung hinzu, wodurch man die mittleren Anomalien der sämmtlichen Positionen erhält. Aus den mittleren Anomalien bestimme man nach Art. 3. die excentrischen und aus diesen die wahren Anomalien und Radien-Vectoren nach den Gleichungen (3), (4) des Art. 2., oder nach den Gleichungen (1) und (6)

$$r \cos v = a (\cos E - e)$$
$$r \sin v = a \cos \varphi \sin E.$$

Aus $r$ und $v$ können unmittelbar die auf den Aequator bezogenen heliocentrischen Coordinaten erhalten werden.

Denn sind $x_0, y_0, z_0$ die heliocentrischen Coordinaten eines Punctes in Bezug auf die Ecliptik als $xy$-Ebene; $x, y, z$ die Coordinaten in Bezug auf den Aequator als $xy$-Ebene (die $x$-Axe für beide Systeme nach dem Frühlingspuncte gerichtet), so ist, wenn $\varepsilon$ die Schiefe der Ecliptik bedeutet,

$$x = x_0$$
$$y = y_0 \cos \varepsilon - z_0 \sin \varepsilon$$
$$z = y_0 \sin \varepsilon + z_0 \cos \varepsilon \,^*).$$

Nun ist nach Art. 12.

$$x_0 = r \cos u \cos \Omega - r \sin u \sin \Omega \cos i$$
$$y_0 = r \sin u \cos \Omega \cos i + r \cos u \sin \Omega$$
$$z_0 = r \sin u \sin i.$$

Substituirt man diese Werthe in den obigen Gleichungen, so erhält man, wenn

---

*) Drückt man in diesen Gleichungen die rechtwinkligen Coordinaten durch die Polarcoordinaten aus, so erhält man die in Art. 24. angegebenen Verwandlungs-Formeln von Länge und Breite in Rectascension und Declination und umgekehrt.

$$a \sin A = \quad \cos \Omega$$
$$a \cos A = - \sin \Omega \cos i$$
$$b \sin B = \quad \sin \Omega \cos \varepsilon$$
$$b \cos B = \quad \cos \Omega \cos i \cos \varepsilon - \sin i \sin \varepsilon$$
$$c \sin C = \quad \sin \Omega \sin \varepsilon$$
$$c \cos C = \quad \cos \Omega \cos i \sin \varepsilon + \sin i \cos \varepsilon,$$
$$\mathfrak{A} = A + \Pi - \Omega$$
$$\mathfrak{B} = B + \Pi - \Omega$$
$$\mathfrak{C} = C + \Pi - \Omega$$

gesetzt wird,

$$x = a \, r \sin (\mathfrak{A} + v)$$
$$y = b \, r \sin (\mathfrak{B} + v)$$
$$z = c \, r \sin (\mathfrak{C} + v).$$

Vergl. Art. 12.

Zur bequemeren Berechnung von

$$b \cos B \text{ und } c \cos C$$

setze man

$$\tan \psi = \frac{\tan i}{\cos \Omega},$$

so wird

$$b \cos B = \frac{\sin i}{\sin \psi} \cos (\psi + \varepsilon)$$

$$c \cos C = \frac{\sin i}{\sin \psi} \sin (\psi + \varepsilon).$$

Allein die Berechnung von $r$ und $v$ ist für die Coordinaten überflüssig; man kann dieselben unmittelbar durch die excentrische Anomalie ausdrücken.

Denn jeder Ausdruck von der Form $k \, r \sin (K + v)$ geht durch Substitution von $r \sin v$, $r \cos v$ über in

$$a \, k \cos K \cos \varphi \sin E + a \, k \sin K (\cos E - e).$$

Bestimmt man $l$, $L$, $\lambda$ durch die Gleichungen:

$$l \sin L = a \, k \sin K$$
$$l \cos L = a \, k \cos \varphi \cos K$$
$$\lambda = - e \, l \sin L = - e \, a \, k \sin K,$$

so wird

$$k\,r\,\sin(K+v) = l\,\sin(L+E) + \lambda$$

wo $l$, $L$, $\lambda$ constant sind. Die Grösse $r$ rechnet man, falls man dieselbe benöthigt, nach der Formel

$$r = a - a\,e\,\cos E.$$

Sind nun $X$, $Y$, $Z$ die geocentrischen Coordinaten der Sonne (welche den heliocentrischen der Erde gleich und entgegengesetzt sind), so erhält man die geocentrische Rectascension, Declination und Distanz des Himmelskörpers aus

$$\Delta\,\cos\delta\,\cos\alpha = x + X$$
$$\Delta\,\cos\delta\,\sin\alpha = y + Y$$
$$\Delta\,\sin\delta \qquad = z + Z.$$

Die Grössen $\alpha$, $\delta$ sind auf den mittleren Aequator bezogen, auf welchen sich die Elemente $\Pi$, $\Omega$, $i$ beziehen, und auf welchen man auch die Coordinaten $X$, $Y$, $Z$ beziehen muss. Es sind daher die Grössen $\alpha$, $\delta$ noch auf den scheinbaren Aequator zu beziehen; man füge daher die Präcession bis zur Zeit der Position und die für dieselbe Zeit stattfindende Nutation hinzu. Diese Rechnung kann sehr bequem mit Hülfe der in den Berliner astronomischen Jahrbüchern gegebenen Tafeln ausgeführt werden*).

Bei der wirklichen Berechnung der Ephemeriden ist es nicht nöthig, alle Positionen direct zu rechnen; sondern bei den kleinen Planeten z. B. genügt es, dieselben von vier zu vier Tagen (für die Mitternacht) zu rechnen und die Zwischenpositionen zu interpoliren.

---

*) Auf S. 80 u. f. findet man die auf das mittlere Aequinoctium bezogenen Sonnencoordinaten $X$, $Y$, $Z$; auf S. 245 u. f. und noch bequemer von S. 255 an, die für die Reduction vom mittleren Aequinoctium auf das scheinbare erforderlichen Hülfstabellen. Die nähere Einrichtung ist in den Jahrbüchern selbst angegeben.

## 34.

Um nun einen beobachteten Ort mit Hülfe einer Ephemeride zu vergleichen, bestimme man zunächst nach den
Ausdrücken

$$\alpha' - \alpha = - \frac{\pi}{\varDelta} \cos \varphi \; \frac{\sin (\Theta - \alpha)}{\cos \delta}$$

$$\delta' - \delta = - \frac{\pi}{\varDelta} \sin \varphi \; \frac{\sin (\gamma - \delta)}{\sin \gamma}$$

$$\tan g \; \gamma = \frac{\tan g \; \varphi}{\cos (\Theta - \alpha)}$$

die Parallaxe; durch Subtraction von dem beobachteten
Orte erhält man den geocentrischen Ort.   In der· Regel
wird die Parallaxe, oder das Product derselben mit der
Distanz $\varDelta$, von dem Beobachter angegeben.   Ist dieses
nicht der Fall, so muss man sich aus der angegebenen
mittleren Zeit der Beobachtung die Sternzeit ableiten: dieses
geschieht dadurch, dass man die mittlere Zeit in Sternzeit-
intervall verwandelt und die dem Beobachtungsorte entsprechende Sternzeit des Mittags dazu addirt.   Die Sternzeit des Mittags ist gleich der Rectascension der mittleren
Sonne zur Zeit des Mittags.

Ist die Beobachtungszeit $t$, so bestimme man durch
Interpolation mit dem Argumente $T = t - 493' \varDelta$ die Position der Ephemeride; diese mit dem von der Parallaxe
befreiten Orte verglichen, gibt den Fehler der Ephemeride
zur Zeit $T$ d. i. den Unterschied: Beobachtung — Rechnung.

Die Beobachtungen sind nämlich trotz aller Sorgfalt
mit unvermeidlichen kleinen Beobachtungsfehlern behaftet;
es wird daher eine aus drei oder vier Beobachtungen ge-
rechnete Bahn nicht alle übrigen Beobachtungen genau
darstellen, sondern es werden sich Unterschiede zwischen
Beobachtung und Rechnung zeigen.   Diese Unterschiede

werden bei den späteren Beobachtungen um so mehr
wachsen, je kleiner das Bahnstück ist, welches die Beobachtungen, aus denen die Bahn gerechnet wurde, umfassen.

Hat man daher eine grössere Reihe von Beobachtungen,
so wird man aus diesen eine Bahn zu bestimmen suchen,
welche sich allen Beobachtungen möglichst genau anschliesst.
Die Mittel, wodurch ein solcher Anschluss erreicht wird,
sind folgende:

Man bestimmt für die ganze Reihe der Beobachtungen
den Unterschied zwischen Beobachtung und Rechnung: es
sei $B$ der beobachtete, $R$ der berechnete Ort. Der Unterschied $B - R$ lässt sich, wenn die Zeit $t$ klein ist, als
Function der Zeit $t$ durch eine Reihe darstellen

$$B - R = a + b\,t + c\,t^2 + \ldots$$

wo $a, b, c, \ldots$ constant sind, und, wenn die Elemente der
Bahn nicht zu ungenau sind, in der Form $B - R = a + b\,t$.

Es seien nun $d_1, d_2, \ldots d_n$ die den Beobachtungszeiten $t_1, t_2, \ldots t_n$ entsprechenden Unterschiede. Zählt
man die Zeiten $t_1, \ldots t_n$ vom arithmetischen Mittel $T$ derselben, so ist

$$t_1 + t_2 + \ldots + t_n = 0;$$

der dem arithmetischen Mittel $T$ entsprechende Fehler
wird (wegen $t = 0$)

$$a = \frac{d_1 + d_2 \ldots + d_n}{n}.$$

Berechnet man für die Zeit $T$ den Ort $R$, so ist $R + a$
der von den Beobachtungsfehlern möglichst befreite Ort;
denn man kann voraussetzen, dass in der Summe $d_1 + d_2$
$+ \ldots + d_n$ die in den Grössen $d_1, d_2, \ldots d_n$ enthaltenen
Beobachtungsfehler sich grösstentheils aufheben. Diese
Untersuchung macht man sowol für die Rectascension als

auch für die Declination; man erhält auf diese.Art eine aus mehreren Orten abgeleitete Position, welche man einen Normalort nennt.

Bei den kleinen Planeten und Kometen können Beobachtungen, die einen Zeitraum von zehn bis dreissig Tagen umfassen, zu einem Normalort vereinigt werden. Für die erste Erscheinung (Opposition), wo die Beobachtungen selten einen Zeitraum von mehr als hundert Tagen umfassen, genügt es, aus denselben drei oder vier Normalorte mit möglichst nahe gleichen Zwischenzeiten zu bilden, und aus denselben nach den in den ersten drei Abschnitten gegebenen Methoden die Bahn zu bestimmen.

## 85.

Ist ein Planet in zwei oder mehreren Oppositionen beobachtet worden, so sind die im ersten und dritten Abschnitte angegebenen Methoden nicht bequem anwendbar; allein in diesem Falle besitzt man aus der ersten Opposition bereits ziemlich genaue Elemente, und die nächsten Oppositionen werden dann hauptsächlich zur Verbesserung dieser Elemente benutzt.

Aus der ersten Opposition nehme man einen oder zwei möglichst entfernte Normalorte, aus jeder folgenden Opposition (da man in denselben den Planeten nicht so oft beobachtet) einen Normalort, nun bestimmt man die Bahn auf folgende Art:

Man wähle zwei möglichst genaue und hinreichend (um eine oder mehrere Oppositionen) entfernte Normalorte $L, L'$. Man kann nun die Elemente als Functionen der (unbekannten) zu diesen beiden Normalorten zugehörigen Entfernungen des Himmelskörpers von der Erde betrachten. Für die Orte $L, L'$ rechne man aus den genäherten Elementen die Entfernungen $D$, $D'$ von der Erde. Um die wahren Entfernungen zu bestimmen, bilde man die drei Hypothesen

$$
\begin{array}{ccc}
\text{I.} & \text{II.} & \text{III.} \\
D & D + d & D \\
D' & D' & D' + d',
\end{array}
$$

wo $d$ und $d'$ kleine Aenderungen sind, die bis auf 0.001 genommen werden dürfen. Man bestimme nun für diese drei Hypothesen der Entfernungen und der Orte $L$, $L'$ drei Elementensysteme, und berechne mit diesen die übrigen Normalorte. Es seien

$$
\begin{array}{ccc}
\text{I.} & \text{II.} & \text{III.} \\
M, & M + \alpha, & M + \beta \\
M', & M' + \alpha', & M' + \beta'
\end{array}
$$
$$
\cdot \qquad \cdot \qquad \cdot
$$

die berechneten Normalorte, wobei die einzelnen Längen und Breiten besonders bezeichnet gedacht werden. Die zugehörigen beobachteten Orte seien $N$, $N'$ . .

Sind $D + x.d$, $D' + y.d'$ die wahren Entfernungen, so sind die damit berechneten Beobachtungen

$$
\begin{array}{c}
M + \alpha x + \beta y^*) \\
M' + \alpha' x + \beta' y \\
\cdot \quad \cdot \quad \cdot
\end{array}
$$

welche den Grössen $N$, $N'$, . . . gleich sind. Man erhält daher Gleichungen von der Form

$$
\begin{array}{c}
N - M = \alpha x + \beta y \\
N' - M' = \alpha' x + \beta' y \\
\cdot \quad \cdot \quad \cdot
\end{array}
$$

---

*) Ist nämlich $\alpha$ die Aenderung einer von $D$ und $D'$ abhängigen Grösse, welche der Aenderung $d$ von $D$ entspricht, so entspricht der Aenderung $dx$ die Aenderung $\alpha x$. Analoges gilt für die Aenderungen von $D'$. Der gleichzeitigen Aenderung von $D$ und $D'$ entspricht die Summe der Aenderungen. — Interpolation nach zwei Argumenten.

Aus einem Normalort erhält man zwei solche Gleichungen; hat man mehrere Orte, so kann man nach der Methode der kleinsten Quadrate[6]) die wahrscheinlichsten Werthe von $x$, $y$ bestimmen. Aus den verbesserten Distanzen oder durch Interpolation bestimme man die verbesserten Elemente; denn diese stellen sich ebenfalls in der Form dar

$$M + \alpha x + \beta y.$$

Diese Methode stellt die beiden Orte $L$ und $L'$ vollkommen, die übrigen, wenn mehrere sind, möglichst genau dar. Die Orte $L$, $L'$ müssen möglichst fehlerfrei sein, weil deren Fehler in die Elementenbestimmung, also auch in die Darstellung der übrigen Orte übergehen.

Diese Methode setzt ausserdem voraus, dass man die zweiten Potenzen von $x\,d$ und $y\,d'$ vernachlässigen kann. Erhält man für $x$ und $y$ Werthe, die mehrere Einheiten betragen, so wiederhole man diese Rechnung, wobei man die durch die erste Rechnung erhaltenen Distanzen als erste Hypothese nimmt.

Statt der Entfernungen $D$, $D'$ des Himmelskörpers von der Erde kann man sich' auf ganz analogem Wege der Elemente $\Omega$ und $i$ bedienen. Die hiehergehörige Methode ergibt sich aus der Lösung der folgenden Aufgabe:

„Aus dem geocentrischen Orte und der Lage der Bahnebene, d. i. Knoten und Neigung, den heliocentrischen Ort zu bestimmen."

Legt man die $x$ Axe in die Knotenlinie, so hat man die Gleichungen (indem man in den Gleichungen (7) des Art. 11. statt $l$, $L$ resp. $l — \Omega$, $L — \Omega$ setzt und die Formeln des Art. 10. berücksichtigt)

(1)    $r \cos u — R \cos (L — \Omega) = \Delta \cos \beta \cos (\lambda — \Omega)$

(2)    $r \sin u \cos i — R \sin (L — \Omega) = \Delta \cos \beta \sin (\lambda — \Omega)$

(3)    $r \sin u \sin i = \Delta \sin \beta.$

Eliminirt man aus den Gleichungen (1) und (2) die Grösse
$R$, so erhält man

(4)    $r \cos u \sin (L - \Omega) - r \sin u \cos i \cos (L - \Omega)$
$$= \Delta \cos \beta \sin (L - \lambda).$$

Durch Elimination von $\Delta$ aus den Gleichungen (3) und (4)
folgt

(5)    $\tan u = \dfrac{\sin (L - \Omega) \sin \beta}{\cos i \cos (L - \Omega) \sin \beta + \sin i \sin (L - \lambda) \cos \beta}$.

Aus den Gleichungen (1) und (2) folgt durch Elimination
von $\Delta$

(6)    $r = \dfrac{R \sin (L - \lambda)}{\sin u \cos i \cos (\lambda - \Omega) - \cos u \sin (\lambda - \Omega)}$.

Ist $\beta$ positiv, so liegt $u$ zwischen    0 und 180⁰
 - - negativ, -  -   -      -        180⁰ - 360⁰.

Für $\beta = 0$, ist $u = 0$ oder 180⁰ zu nehmen, so dass $r$ positiv wird.

Die Rechnung ist so wie im vorigen Falle, indem man
statt der Grössen $D$, $D'$ die Elemente $\Omega$, $i$ setzt.

Zusatz 1. Bei einer parabolischen Bahn kann man
die Elemente auch als Functionen des Verhältnisses der
curtirten Entfernungen der Orte $L$ und $L'$ betrachten. Man
rechnet nun aus zwei Annahmen dieses Verhältnisses —
wovon die eine $M$ aus den genäherten Elementen erhalten
wird, die andere $M + m$ ist, wo $m$ eine kleine Aenderung
ist, — Elemente.

Mit diesen beiden Elementensystemen vergleicht man
die übrigen Beobachtungen und bestimmt dadurch das
wahrscheinlichste Verhältniss $M + x.m$, aus welchem
(oder durch Interpolation) man die zugehörigen Elemente
findet.

Zusatz 2. Bei ganz genauen Rechnungen kann man die Aenderungen der berechneten Orte durch die Differential-formeln der Elemente darstellen, und damit die Correctionen der Elemente nach der Methode der kleinsten Quadrate ermitteln.

---

## Sechster Abschnitt.

### Bahnbestimmung mit Berücksichtigung der Störungen.

### 86.

Die in den früheren Abschnitten dargestellten Bahn-bestimmungen berücksichtigen nur die gegenseitige An-ziehung der Sonne und des Himmelskörpers; dadurch erhält man als relative Bahn des Himmelskörpers um die Sonne einen Kegelschnitt, in dessen einem Brennpuncte sich die Sonne befindet. Vermöge der allgemeinen An-ziehung weicht die wirkliche Bewegung der Himmelskörper von der unter der obigen Voraussetzung bestimmten Bewe-gung ab, welche Abweichung man unter dem Namen Störungen begreift.

Es soll nun die Bewegung eines Himmelskörpers, welcher der gestörte heisst, bestimmt werden, wenn ausser der Sonne noch ein anderer störender Himmels-körper einwirkt (Problem der drei Körper).

Um die relative Bewegung des gestörten Himmels-körpers um die Sonne zu erhalten, bringe man die auf die Sonne wirkende Kraft im entgegengesetzten Sinne an Sonne und Himmelskörper an. Es sei nun, wenn $k^2$ die Masse der Sonne[7]) ist, deren Mittelpunct als Coordinaten-Anfang gesetzt wird:

$x, y, z, \ m k^2$ die Coordinaten und Masse des gestörten $x', y', z', \ m'k^2$ - - - - - störenden Himmelskörpers, $\varrho$ deren Distanz; dabei ist

$$\varrho^2 = (x' - x)^2 + (y' - y)^2 + (z' - z)^2.$$

Zerlegt man die Einwirkungen in drei Componenten nach den Coordinatenrichtungen, und nimmt die Kräfte positiv, wenn sie die Coordinaten des bewegten Punctes zu vergrössern, negativ, wenn sie dieselben zu verkleinern suchen, so sind für die $x$-Richtung

$- k^2 \frac{x}{r^3}, \ + m' \, k^2 \frac{x'-x}{\varrho^3}$ die auf den gestörten Himmelskörper

$+ m \, k^2 \frac{x}{r^3}, \ + m' \, k^2 \frac{x'}{r'^3}$ - - die Sonne

wirkenden beschleunigenden Kräfte, also

$$- k^2 \, (1 + m) \frac{x}{r^3} + m' k^2 \left( \frac{x'-x}{\varrho^3} - \frac{x'}{r'^3} \right)$$

die in der $x$-Richtung wirkende Kraft, welche $= \frac{d^2 x}{d\,t^2}$ ist.

Man erhält daher

$$\frac{d^2 x}{d t^2} + k^2 \, (1+m) \frac{x}{r^3} = m' k^2 \left( \frac{x'-x}{\varrho^3} - \frac{x'}{r'^3} \right), \text{ ebenso}$$

$$(1) \quad \frac{d^2 y}{d t^2} + k^2 \, (1+m) \frac{y}{r^3} = m' k^2 \left( \frac{y'-y}{\varrho^3} - \frac{y'}{r'^3} \right)$$

$$\frac{d^2 z}{d t^2} + k^2 \, (1+m) \frac{z}{r^3} = m' k^2 \left( \frac{z'-z}{\varrho^3} - \frac{z'}{r'^3} \right).$$

Sind mehrere störende Himmelskörper vorhanden, so bleiben die linken Theile dieser Gleichungen ungeändert, rechts erhält man für jeden störenden Himmelskörper ein ähnliches Glied, deren Summe die in dieser Axenrichtung wirkende störende Kraft ist.

Aus den Gleichungen (1) hat man $x, y, z$ als Functionen der Zeit $t$ zu bestimmen. Die directe Lösung überschreitet die Kräfte der gegenwärtigen Analysis, man ist daher gezwungen die Aufgabe successive durch Reihen-

entwicklungen zu lösen. Man kann entweder unmittelbar
die heliocentrischen Coordinaten durch die Zeit ausdrücken,
d. i. die Störungen der Coordinaten entwickeln, oder die
Aufgabe auch dadurch lösen, dass man die Voraussetzung
macht: die Bewegung des gestörten Himmelskörpers geschieht in einem Kegelschnitt, dessen Elemente veränder-
lich sind, in welchem jedoch der Ort und die Geschwindigkeit des Himmelskörpers zur Zeit $t$ nach den Regeln
der Bewegung im Kegelschnitte mit den zur Zeit $t$ gelten-
den Elementen bestimmt wird (Methode der Variation der
Constanten). Statt der Reihenentwicklungen bedient man
sich gegenwärtig bei den kleinen Planeten und Kometen
meist des Verfahrens der Berechnung der speciellen
Störungen durch die mechanischen Quadraturen. Zu diesem
Ende theilt man das Zeitintervall, für welches die Störungen zu bestimmen sind, in eine Anzahl gleicher Theile;
für den Anfang $T$ des Zeitintervalles seien die osculirenden
Elemente, d. h. die Elemente, aus welchen für die Zeit $T$
der berechnete Ort und die Geschwindigkeit des Himmelskörpers mit dem wirklichen Orte und der wirklichen Geschwindigkeit übereinstimmt, gegeben. Man bestimmt nun
aus den störenden Kräften für die einzelnen Theile des
Zeitintervalles die Geschwindigkeiten der Elemente und
leitet aus diesen durch die mechanische Quadratur die zugehörigen Elemente ab.

Kürzer ist die Rechnung, wenn man statt der Störungen der Elemente die Störungen der Coordinaten bestimmt.
Letztere Methode wurde zuerst von Bond in Cambridge
und unabhängig von Encke in Berlin angegeben; von
letzterem jedoch in einer für die Anwendung höchst be-
quemen Form, wesshalb die Methode gegenwärtig die Encke'-
sche Methode heisst.

## 87.

Es seien zur Zeit $t$: $x$, $y$, $z$ die wahren (gestörten) Coordinaten, $x_0$, $y_0$, $z_0$ die für dieselbe Zeit mit den zur Zeit $T$ osculirenden Elementen gerechneten Coordinaten; setzt man

$$x = x_0 + \xi, \quad y = y_0 + \eta, \quad z = z_0 + \zeta,$$

so kann man die Störungen $\xi$, $\eta$, $\zeta$ auf folgende Art bestimmen.

Es ist, wenn man die gegenseitige Einwirkung der Sonne und des gestörten Himmelskörpers allein berücksichtiget:

$$\frac{d^2 x_0}{dt^2} + k^2 (1 + m) \frac{x_0}{r_0^3} = 0$$

(2)
$$\frac{d^2 y_0}{dt^2} + k^2 (1 + m) \frac{y_0}{r_0^3} = 0$$

$$\frac{d^2 z_0}{dt^2} + k^2 (1 + m) \frac{z_0}{r_0^3} = 0.$$

Subtrahirt man von den Gleichungen (1) die Gleichungen (2), so erhält man

$$\frac{d^2 \xi}{dt^2} = m' k^2 \left( \frac{x' - x}{\varrho^3} - \frac{x'}{r'^3} \right) + (1 + m) \, k^2 \left( \frac{x_0}{r_0^3} - \frac{x}{r^3} \right),$$

und analog für die übrigen Gleichungen.

Um $\frac{x_0}{r_0^3} - \frac{x}{r^3}$ bequemer zu berechnen, setze man es

$$= \frac{1}{r_0^3} \left( x_0 + \zeta - \xi - x \frac{r_0^3}{r^3} \right) - \frac{1}{r_0^3} \left( \left( 1 - \frac{r_0^3}{r^3} \right) x - \xi \right).$$

Nun ist $r^2 = (x_0 + \xi)^2 + (y_0 + \eta)^2 + (z_0 + \zeta)^2$ oder

$$r^2 = r_0^2 + 2 \, x_0 \, \xi + 2 \, y_0 \, \eta + 2 \, z_0 \, \zeta + \xi^2 + \eta^2 + \zeta^2,$$

$$\frac{r^2}{r_0^2} = 1 + 2 \, \frac{(x_0 + \frac{1}{2} \xi) \, \xi + (y_0 + \frac{1}{2} \eta) \, \eta + (z_0 + \frac{1}{2} \zeta) \, \zeta}{r_0^2}$$

$$= 1 + 2 q,$$

wo $\quad q = \frac{x_0 + \frac{1}{2} \xi}{r_0^2} \xi + \frac{y_0 + \frac{1}{2} \eta}{r_0^2} \eta + \frac{z_0 + \frac{1}{2} \zeta}{r_0^2} \zeta \quad$ ist.

Aus $\frac{r^2}{r_0^2} = 1 + 2q$ folgt $\frac{r_0^3}{r^3} = (1 + 2q)^{-\frac{3}{2}}$, oder

$$\frac{r_0^3}{r^3} = 1 - 3q + \frac{3.5}{1.2}q^2 - \frac{3.5.7}{1.2.3}q^3 + \cdot\cdot$$

$$= 1 - 3q\left(1 - \tfrac{5}{2}q + \frac{5.7}{2.3}q^2 - \cdot\cdot\right).$$

Setzt man

$$f = 3\left(1 - \tfrac{5}{2}q + \frac{5.7}{2.3}q^2 - \cdot\cdot\right),$$

so wird $\quad 1 - \frac{r_0^3}{r^3} = fq$, und daraus folgt

$$\frac{x_0}{r_0^3} - \frac{x}{r^3} = \frac{1}{r_0^3}(fqx - \xi).$$

Mithin ist

$$\frac{d^2\xi}{dt^2} = m'k^2\left(\frac{x'-x}{\varrho^3} - \frac{x'}{r'^3}\right) + (1+m)\frac{k^2}{r_0^3}(fqx - \xi),$$

ebenso

$$(3)\quad \frac{d^2\eta}{dt^2} = m'k^2\left(\frac{y'-y}{\varrho^3} - \frac{y'}{r'^3}\right) + (1+m)\frac{k^2}{r_0^3}(fqy - \eta)$$

$$\frac{d^2\zeta}{dt^2} = m'k^2\left(\frac{z'-z}{\varrho^3} - \frac{z'}{r'^3}\right) + (1+m)\frac{k^2}{r_0^3}(fqz - \zeta).$$

## 88.

Aus den Gleichungen (3) erhält man durch die mechanische Quadratur die Grössen $\xi$, $\eta$, $\zeta$. Zu diesem Ende mögen zunächst die hierzu nöthigen Formeln entwickelt werden.

I. Es sei $f(x)$ eine stetige Function von $x$. In der Reihe der Werthe

$$f(a),\ f(a+w),\ f(a+2w),\ \cdot\cdot\ f(a+nw),\ \cdot\cdot$$

lässt sich jede der drei Zahlen $f(a + \overline{n-1}.w)$, $f(a+nw)$, $f(a + \overline{n+1}.w)$ genau darstellen durch die Formel

$$f(x) = \alpha + \beta\frac{v}{w} + \gamma\left(\frac{v}{w}\right)^2,$$

indem man $x = a + nw + v$ setzt.

Denn setzt man $v = -w,\ 0,\ +w$, so wird

$$f(a + \overline{n-1}.w) = \alpha - \beta + \gamma$$
$$f(a + nw) \qquad = \alpha$$
$$f(a + \overline{n+1}.w) = \alpha + \beta + \gamma,$$

daraus folgt

$$\alpha = f(a + nw)$$
$$2\beta = f(a + nw) - f(a + \overline{n-1}.w) + f(a + \overline{n+1}.w)$$
$$\qquad - f(a + nw)$$
$$2\gamma = f(a + \overline{n+1}.w) - f(a + nw) - (f(a + nw)$$
$$\qquad - f(a + \overline{n-1}.w)).$$

Bequemer werden die Ausdrücke, wenn man die Differenzen der Functionswerthe einführt. Setzt man

$$f(a + \overline{n+1}.w) - f(a + nw) = f'(a + \overline{n+\tfrac{1}{2}}.w)$$
$$f'(a + \overline{n+\tfrac{1}{2}}.w) - f'(a + \overline{n-\tfrac{1}{2}}.w) = f''(a + nw)\ \text{u.s.w.},$$

so wird

$$2\beta = f'(a + \overline{n-\tfrac{1}{2}}.w) + f'(a + \overline{n+\tfrac{1}{2}}.w)$$
$$2\gamma = f''(a + nw).$$

Es ist daher für $x = a + nw + v$

$$f(x) = f(a + nw) + \tfrac{1}{2}(f'(a + \overline{n-\tfrac{1}{2}}.w) + f'(a + \overline{n+\tfrac{1}{2}}.w))\frac{v}{w}$$
$$\qquad + \tfrac{1}{2}f''(a + nw)\left(\frac{v}{w}\right)^2,$$

welche Formel für $v = -w, 0$ und $+w$ vollkommen richtig ist.

Allein auch für jeden, zwischen $a + \overline{n-\tfrac{1}{2}}.w$ und
$a + \overline{n+\tfrac{1}{2}}.w$ liegenden Werth von $x$ lässt sich $f(x)$ durch
diese Formel mit grosser Genauigkeit darstellen, wenn
die Werthe $f(a),\ f(a+w),\ ..\ f(a + nw)$ näherungsweise
als Glieder einer arithmetischen Reihe zweiter Ordnung
betrachtet werden können.

II. Es sei nun das Integral $\int f(x)\,dx$ zwischen den
Grenzen $a + \tfrac{1}{2}w$ und $a + \overline{n+\tfrac{1}{2}}.w$ zu finden.

Es ist das unbestimmte Integral

$$\int f(x)\, dx = \left(\alpha + \beta\, \frac{v}{w} + \gamma \left(\frac{v}{w}\right)^2\right) dv =$$

$$w\left(\alpha\, \frac{v}{w} + \tfrac{1}{2}\, \beta \left(\frac{v}{w}\right)^2 + \tfrac{1}{3}\, \gamma \left(\frac{v}{w}\right)^3\right),$$

also innerhalb der Grenzen $\frac{v}{w} = -\tfrac{1}{2}$ bis $\frac{v}{w} = +\tfrac{1}{2}$, d. h.

von $x = a + \overline{n - \tfrac{1}{2}}\, .\, w$ bis $x = a + \overline{n + \tfrac{1}{2}}\, .\, w$

$$\int_{a + \overline{n - \tfrac{1}{2}}\, .\, w}^{a + \overline{n + \tfrac{1}{2}}\, .\, w} f(x)\, dx = w\left(\alpha + \tfrac{1}{12}\, \gamma\right)$$

$$= w\left(f(a + nw) + \tfrac{1}{12} f''(a + nw)\right).$$

Setzt man in dieser Gleichung $n = 1, 2, 3 \ldots n$, und addirt die erhaltenen Gleichungen, so wird

$$\int_{a + \tfrac{1}{2}\, w}^{a + \overline{n + \tfrac{1}{2}}\, .\, w} f(x)\, dx = w\,\{f(a + w) + f(a + 2w) + \ldots + f(a + nw)$$

$$+ \tfrac{1}{24}\left(f''(a + w) + f''(a + 2w) + \ldots + f''(a + nw)\right)\}.$$

Führt man die Summenreihen ein und bezeichnet die Glieder der ersten Summenreihe, von welcher

$$f(a),\ f(a + w),\ \ldots$$

die Differenzen sind, mit $'f$, die Glieder der zweiten Summenreihe mit $''f, \ldots$, so ist consequent mit der früheren Bezeichnung

$$'f(a + \overline{n + \tfrac{1}{2}}\, .\, w) - 'f(a + \overline{n - \tfrac{1}{2}}\, .\, w) = f(a + nw).$$

Setzt man in dieser Gleichung $n = 1, 2, \ldots n$ und addirt die erhaltenen Gleichungen, so wird

$$'f(a + \overline{n + \tfrac{1}{2}}\, .\, w) - 'f(a + \tfrac{1}{2}\, .\, w) = f(a + w)$$

$$+ f(a + 2w) + \ldots + f(a + nw);$$

ebenso ist

$$f'(a + \overline{n + \tfrac{1}{2}}\, .\, w) - f'(a + \tfrac{1}{2}\, .\, w) = f''(a + w)$$

$$+ f''(a + 2w) + \ldots + f''(a + nw).$$

Es ist daher

(1) $$\int_{a+\frac{1}{2}w}^{a+\overline{n+\frac{1}{2}}\cdot w} f(x)\,dx = w\,('f(a+\overline{n+\frac{1}{2}}.w) + \tfrac{1}{24}f'(a+\overline{n+\frac{1}{2}}.w)$$
$$- 'f(a+\tfrac{1}{2}w) - \tfrac{1}{24}f'(a+\tfrac{1}{2}w)).$$

Das Anfangsglied einer summirten Reihe ist willkürlich, betrachtet man $'f(a+\tfrac{1}{2}w)$ als Anfangsglied der ersten Summenreihe, so ist es am bequemsten, dasselbe so zu bestimmen, dass

$$'f(a+\tfrac{1}{2}w) + \tfrac{1}{24}f'(a+\tfrac{1}{2}w) = 0 \text{ wird,}$$

also $\qquad 'f(a+\tfrac{1}{2}w) = -\tfrac{1}{24}f'(a+\tfrac{1}{2}w)$

wird; in diesem Falle erhält man

(2) $$\int_{a+\frac{1}{2}w}^{a+\overline{n+\frac{1}{2}}\cdot w} f(x)\,dx = w\,('f(a+\overline{n+\frac{1}{2}}.w) + \tfrac{1}{24}f'(a+\overline{n+\frac{1}{2}}.w)).$$

III. Bezeichnet man den Werth des gefundenen Integrals mit $F(a+\overline{n+\frac{1}{2}}.w)$, so werden aus der Reihe der Functionswerthe

$.. f(a-w), f(a), f(a+w), f(a+2w), .. f(a+nw), ..$

und den zugehörigen Differenzen nach der Formel (2) die Integrale

$.. F(a-\tfrac{1}{2}w), F(a+\tfrac{1}{2}w), F(a+\tfrac{3}{2}w), .. F(a+\overline{n+\frac{1}{2}}.w)...$

bekannt. Aus diesen Werthen erhält man wieder

$$\int\int_{a}^{a+\overline{n+1}\cdot w} f(x)\,dx^2 = \int_{a}^{a+\overline{n+1}\cdot w} F(x)\,dx.$$

Nach Gleichung (1) gibt $w\,'f(a+n+\tfrac{1}{2}.w)$ integrirt:

$$w^2\,(''f(a+\overline{n+1}.w) + \tfrac{1}{24}f(a+\overline{n+1}.w)$$
$$- ''f(a) - \tfrac{1}{24}f(a))$$

$\tfrac{w}{24}f'(a+n+\tfrac{1}{2}.w)$ gibt integrirt: $\tfrac{w^2}{24}(f(a+\overline{n+1}.w)-f(a))$, also

$$(3) \quad \int\!\!\int\limits_{a}^{a+\overline{n+1}.\,w} f(x)\,dx^2 = w^2\left({}''f(a+\overline{n+1}.\,w) + \tfrac{1}{12}f(a+\overline{n+1}.\,w)\right.$$
$$\left. - {}''f(a) - \tfrac{1}{12}f(a)\right).$$

Die Formeln (1) und (3) gelten auch, wenn $n$ gebrochen ist, d. h. in dem Sinne, dass es gleichgiltig ist, ob man sich aus den für ganze $n$ erhaltenen Integralen den Werth des Integrals für ein gebrochenes $n$ interpolirt, oder die für letzteres $n$ interpolirten Glieder der Summenreihen benutzt.

Subtrahirt man von dem Integral in (3) das Integral

$$\int\!\!\int\limits_{a}^{a+\frac{1}{2}w} f(x)\,dx^2,$$

so erhält man

$$\int\!\!\int\limits_{a+\frac{1}{2}w}^{a+\overline{n+1}.\,w} f(x)\,dx^2 = w^2\left({}''f(a+\overline{n+1}.\,w) + \tfrac{1}{12}f(a+n+1.\,w)\right.$$
$$\left. - {}''f(a+\tfrac{1}{2}.\,w) - \tfrac{1}{12}f(a+\tfrac{1}{2}.\,w)\right).$$

Die Glieder ${}''f(a+\tfrac{1}{2}w)$, $f(a+\tfrac{1}{2}w)$ müssen durch Interpolation bestimmt werden. Es ist für die Interpolation in die Mitte

$${}''f(a+\tfrac{1}{2}w) = {}''f(a) + \tfrac{1}{2}\,'f(a+\tfrac{1}{2}w) - \tfrac{1}{8}f(a+w) + \tfrac{1}{16}f'(a+\tfrac{3}{2}w)$$
$$f(a+\tfrac{1}{2}w) = f(a) + \tfrac{1}{2}f'(a+\tfrac{1}{2}w) - \ldots$$

Für den Beginn der ersten Summenreihe wurde

$${}'f(a+\tfrac{1}{2}w) = -\tfrac{1}{24}f'(a+\tfrac{1}{2}w)$$

gesetzt. Führt man diese Werthe ein, so erhält man

$$\int\!\!\int\limits_{a+\frac{1}{2}w}^{a+\overline{n+1}.\,w} f(x)\,dx = w^2\left({}''f(a+\overline{n+1}.\,w) + \tfrac{1}{12}f(a+n+1.\,w)\right.$$
$$\left. - {}''f(a) + \tfrac{1}{24}f(a+w)\right).$$

Bestimmt man das willkürliche Anfangsglied der zweiten Summenreihe dergestalt, dass

$- ''f(a) + \frac{1}{24} f(a + w) = 0$, also $''f(a) = \frac{1}{24} f(a + w)$ ist; so wird

$$(4) \quad \int\int_{a+\frac{1}{2}w}^{a+\overline{n+1}.\,w} f(x)\,dx^2 = w^2\,(''f(a+\overline{n+1}.w) + \frac{1}{12}f(a+\overline{n+1}.w)).$$

Das Hauptglied der Formel (4), nämlich

$$w^2\,''f(a + \overline{n+1}.\,w),$$

ist aus den Werthen der ursprünglichen Reihe $f(a)$, $f(a + w), \ldots f(a + n\,w)$ bekannt; dieses Glied ist bereits ein Näherungswerth des zweiten Integrals. Aus dem Gange der ursprünglichen Reihe bis zum Gliede $f(a + n\,w)$ lässt sich auch ein Schluss auf $f(a + \overline{n+1}.\,w)$ machen, also das Integral (wenn $f(a + \overline{n+1}.\,w)$ nicht mehr gegeben ist) mit grosser Genauigkeit erhalten, da ein Fehler in der Annahme des letzteren Gliedes durch den Factor $\frac{1}{12}$ noch sehr vermindert wird [8]).

### 39.

Um nun die Störungen $\xi$, $\eta$, $\zeta$ zu erhalten, setze man den Anfang derselben auf den Osculationspunct, und bezeichne diesen mit $a + \frac{1}{2}\,w$. Man rechne nun nach den Gleichungen (3) des Art. 37. für die Zeiten $a$ und $a + w$ die Werthe von $\frac{d^2\xi}{dt^2}$, ... indem man in den rechten Theilen dieser Gleichungen $\xi = \eta = \zeta = 0$ setzt. Bezeichnet man $\frac{d^2\xi}{dt^2}$ mit $f(a + n\,w)$, so erhält man dadurch $f(a)$, $f(a + w)$ und damit $f'(a + \frac{1}{2}\,w)$. Nun erhält man Werthe für $'f(a + \frac{1}{2}\,w)$, $''f(a)$ und mit diesen kann man durch Fortsetzung der Summenreihen die Werthe von $\xi$ für $t = a$ und $t = a + w$ erhalten.

Genau auf demselben Wege erhält man für die Zeiten $t = a$ und $t = a + w$ genäherte Werthe von $\eta$ und $\zeta$.

Nun berechne man mit den genäherten Werthen von $\xi$, $\eta$, $\zeta$ neuerdings ihre zweiten Differentialquotienten nach den Formeln (3) des Art. 37., wodurch man dann genauere Werthe für $\xi$, $\eta$, $\zeta$ erhält. Die Rechnung wird so oft wiederholt, bis man keine verschiedenen Werthe erhält. Die Fortsetzung für die weiteren Argumente hat nach dem Obigen keine Schwierigkeit.

Beispiel. Für den Planeten Asia sind die Störungen, welche derselbe von 1868 Januar 22 an durch den Planeten Jupiter erleidet, zu bestimmen.

Es werde $w = 20$ Tage, $m' = \frac{1}{1047.88}$ und $m = 0$ gesetzt.

Für die Rechnung ist es bequemer, gleich $w^2 f(a + nw)$ zu berechnen. Es ist in Einheiten der siebenten Decimale $\log(w^2 m' k^2) = 3.05291 = \log m_0'$.

Mit den zur Zeit 1868 Jan. 22 osculirenden Elementen des Planeten Asia erhält man

| 1868 | Arg. | $x_0$ | $y_0$ | $z_0$ | $\log r_0$ |
|---|---|---|---|---|---|
| Jan. 12 | $a$ | $-2.5620$ | $+1.0545$ | $-0.2063$ | 0.4438 |
| Febr. 1 | $a + w$ | 2.6077 | 0.8693 | 0.1902 | 0.4402 |
| 21 | $a + 2w$ | 2.6387 | 0.6791 | 0.1731 | 0.4362 |
| März 12 | $a + 3w$ | $-2.6543$ | $+0.4850$ | $-0.1549$ | 0.4318. |

Für den Planeten Jupiter hat man für dieselben Zeiten

| $x'$ | $y'$ | $z'$ | $-m_0'\frac{x'}{r'^3}$ | $-m_0'\frac{y'}{r'^3}$ | $-m_0'\frac{z'}{r'^3}$ |
|---|---|---|---|---|---|
| $+4.8100$ | $-1.2759$ | $-0.1041$ | $-44.06$ | $+11.69$ | $+0.95$ |
| 4.8448 | 1.1222 | 0.1054 | 44.44 | 10.30 | 0.97 |
| 4.8748 | 0.9673 | 0.1067 | 44.83 | 8.89 | 0.98 |
| $+4.9001$ | $-0.8116$ | $-0.1078$ | $-45.14$ | $+7.48$ | $+0.99.$ |

Damit erhält man, indem man für Jan. 12 und Febr. 1 zunächst $\xi$, $\eta$, $\zeta = 0$ setzt, folgende genäherte Werthe

| Arg. | $\log \varrho$ | $w^2 \frac{d^2 \xi}{dt^2}$ | $w^2 \frac{d^2 \eta}{dt^2}$ | $w^2 \frac{d^2 \zeta}{dt^2}$ |
|---|---|---|---|---|
| $a$ | 0.8883 | $-26.04$ | $+5.99$ | $+1.20$ |
| $a + w$ | 0.8873 | $-26.10$ | $+5.40$ | $+1.18,$ |

aus welchen Werthen durch Bildung der Summen und Differenzen nach (4) des Art. 38. erhalten werden

| Arg. | $\xi$ | $\eta$ | $\zeta$ |
|---|---|---|---|
| $a$ | $-3.3$ | $+0.7$ | $+0.2$ |
| $a + w$ | $-3.3$ | $+0.8$ | $+0.2.$ |

Mit diesen Werthen rechne man neuerdings die Ausdrücke $w^2 \frac{d^2 \xi}{dt^2} \ldots$, wodurch man die verbesserten Werthe

| Arg. | $w^2 \frac{d^2 \xi}{dt^2}$ | $w^2 \frac{d^2 \eta}{dt^2}$ | $w^2 \frac{d^2 \zeta}{dt^2}$ |
|---|---|---|---|
| $a$ | $-26.07$ | $+6.00$ | $+1.21$ |
| $a + w$ | $-26.13$ | $+5.41$ | $+1.19$ |

erhält, welche von den vorigen beinahe nicht verschieden sind. Aus diesen construirt man sich folgende Tafel

| Arg. | $''f$ | $'f$ | $f$ | $f'$ |
|---|---|---|---|---|
|  |  | für $\xi$ |  |  |
| $a$ | $-1.09$ |  | $-26.07$ |  |
|  |  | 0.00 |  | $-0.06$ |
| $a + w$ | $-1.09$ |  | $-26.13$ |  |
|  |  | 26.13 |  |  |
| $a + 2w$ | $-27.22$ |  |  |  |
|  |  | für $\eta$ |  |  |
| $a$ | $+0.25$ |  | $+6.00$ |  |
|  |  | $+0.02$ |  | $-0.59$ |
| $a + w$ | 0.27 |  | $+5.41$ |  |
|  |  | $+5.43$ |  |  |
| $a + 2w$ | $+5.70$ |  |  |  |

| Arg. | $''f$ | $'f$ | $f$ | $f'$ |
|------|-------|------|-----|------|
|      |       | für $\zeta$ |     |      |
| $a$  | $+\,0.05$ |  | $+\,1.21$ |  |
|      |       | $0.00$ |  | $-\,0.02$ |
| $a+w$ | $+\,0.05$ |  | $+\,1.19$ |  |
|      |       | $+\,1.19$ |  |  |
| $a+2\,w$ | $+\,1.24.$ |  |  |  |

Aus diesen Angaben ersieht man unmittelbar, dass $f\,(a+2\,w)$ für $\xi$, $\eta$, $\zeta$ resp. von $-\,26.2$; $+\,4.8$, $+\,1.2$ (indem man die ersten Differenzen anbringt) nicht sehr verschieden sein werden, woraus durch Anwendung der Formel (4) des Art. 38. für $a+2\,w$ folgt

$$\xi = -\,29.4, \quad \eta = +\,6.1, \quad \zeta = +\,1.3.$$

Damit erhält man

$$\log \varrho = 0.8860, \quad w^2 \frac{d^2 \xi}{dt^2} = -\,26.52, \quad w^2 \frac{d^2 \eta}{dt^2} = +\,4.89,$$

$$w^2 \frac{d^2 \zeta}{dt^2} = +\,1.11,$$

welche Werthe von den obigen so wenig verschieden sind, dass eine Wiederholung der Rechnung überflüssig ist. Durch Fortsetzung der ersten und zweiten Summenreihe erhält man

| Arg. | $''f$ | $'f$ | $f$ | $f'$ |
|------|-------|------|-----|------|
|      |       | für $\xi$ |  |  |
|      |       |  |  | $-\,0.39$ |
| $a+2\,w$ | $-\,27.22$ |  | $-\,26.52$ |  |
|      |       | $-\,52.65$ |  |  |
| $a+3\,w$ | $-\,79.87$ |  |  |  |
|      |       | für $\eta$ |  |  |
|      |       |  |  | $-\,0.52$ |
| $a+2\,w$ | $+\,5.70$ |  | $+\,4.89$ |  |
|      |       | $+\,10.32$ |  |  |
| $a+3\,w$ | $+\,16.02$ |  |  |  |

| Arg. | $''f$ | $'f$ | $f$ | $f'$ |
|---|---|---|---|---|

für $\zeta$

$$- 0.08$$

$$a + 2\,w \quad + 1.24 \qquad + 1.11$$

$$+ 2.30$$

$$a + 3\,w \quad + 3.54.$$

Man sieht nun, dass $f\,(a + 3\,w)$ für $\xi, \eta, \zeta$ resp. von

$$- 27.2, \quad + 4.4, \quad + 1.0$$

nicht sehr verschieden sein kann: denn aus dem Gange der Differenzen $f'$ ersieht man, dass $f\,(a + 3\,w) - f\,(a + 2\,w)$ für $\xi, \eta, \zeta$ ungefähr resp.

$$- 0.7, \quad - 0.5, \quad - 0.1$$

sein dürfte. Damit erhält man für $a + 3\,w$

$$\xi = - 82.2, \quad \eta = + 16.4, \quad \zeta = + 3.6,$$

mit welchen Werthen

$$\log \varrho = 0.8845, \quad w^2\,\frac{d^2\,\xi}{d\,t^2} = - 27.18, \quad w^2\,\frac{d^2\,\eta}{d\,t^2} = + 4.40,$$

$$w^2\,\frac{d^2\,\zeta}{d\,t^2} = + 1.00$$

erhalten wird. Auf diese Art wird die Rechnung fortgesetzt.

Nach denselben Regeln werden die Störungen von $a + \frac{1}{2}\,w$ an, zurück für die Argumente

$$a, \; a - w, \; a - 2\,w, \; .. \; \text{bestimmt.}$$

## 40.

Berücksichtigt man nur die Störungen erster Ordnung, so kann man

$$q = \frac{x_0}{r_0^2}\,\xi + \frac{y_0}{r_0^2}\,\eta + \frac{z_0}{r_0^2}\,\zeta, \; f = 3$$

und

$$\frac{x' - x_0}{\varrho^3} = \frac{x_0' - x_0}{\varrho_0^3}, \; .. \; \text{setzen.}$$

Allein die Berücksichtigung der Glieder höherer Ordnung ist mit nicht viel mehr Arbeit verbunden, da man in $x_0 + \frac{1}{2}\,\xi, \; .. \; x' - x, \; ..$ und $\varrho$ nur die genäherten Werthe von $\xi$, $\eta$, $\zeta$ einzuführen hat. Den genauen Werth von log $f$ erhält man aus der beistehenden Tafel, welche für die meisten Fälle ausreichen dürfte.

| $q$ | log $f$ | Diff. |
|---|---|---|
| — 0.005 | 0.482580 | |
| | | 1097 |
| 0.004 | 0.481483 | |
| | | 1094 |
| 0.003 | 0.480389 | |
| | | 1092 |
| 0.002 | 0.479297 | |
| | | 1089 |
| — 0.001 | 0.478208 | |
| | | 1087 |
| 0.000 | 0.477121 | |
| | | 1084 |
| + 0.001 | 0.476037 | |
| | | 1082 |
| 0.002 | 0.474955 | |
| | | 1080 |
| 0.003 | 0.473875 | |
| | | 1078 |
| 0.004 | 0.472797 | |
| | | 1075 |
| + 0.005 | 0.471722 | |

**41.**

Bei der Berechnung der speciellen Störungen nach der angegebenen Methode wurde die Voraussetzung gemacht, dass für den Anfang der Störungen die osculirenden Elemente bekannt sind. Allein diese Elemente setzen die Kenntniss der Störungen voraus; man kann daher die osculirenden Elemente und die zugehörigen Störungen nur durch abwechselnd wiederholte Verbesserungen bestimmen.

Man betrachtet die nach den vorigen Abschnitten aus den Beobachtungen erhaltenen Elemente als osculirend für eine gewisse Zeit $T$, am besten für die Mitte des Zeitraumes, den die Beobachtungen, aus welchen die Elemente erhalten wurden, umfassen.

Mit diesen Elementen rechne man für die Beobachtungen die Störungen der Coordinaten und aus diesen die Störungen des geocentrischen Ortes (Länge und Breite). Man findet die Störung des geocentrischen Ortes, indem man denselben zuerst mit den Coordinaten $x_0$, $y_0$, $z_0$ und dann mit den Coordinaten $x = x_0 + \xi$, $y = y_0 + \eta$, $z = z_0 + \zeta$ rechnet; der Unterschied der beiden Orte ist die Störung des geocentrischen Ortes.

Nun befreie man die Beobachtungen von den Störungen und rechne aus diesen von den Störungen befreiten Orten neue Elemente. Mit diesen wiederholt man die Störungsrechnungen und die Berechnung neuer Elemente so oft, bis kein Unterschied stattfindet. In der Regel genügt eine Wiederholung der Berechnung der Störungen und der osculirenden Elemente.

# Dritter Theil.

## Geschichte der Planetentheorien.

### Einleitung.

### 42.

Der Unterschied zwischen Fixsternen und Planeten war schon in frühester Zeit bekannt: Fixsterne nannte man diejenigen Himmelskörper, welche ihre gegenseitige Stellung am Himmel nicht verändern, während man Planeten, d. i. irrende Sterne diejenigen nannte, welche ihre Stellung am Himmel verändern. Im Alterthum zählte man sieben Planeten: Sonne, Mond, Merkur, Venus, Mars, Jupiter und Saturn. Durch die fortgesetzte Bestimmung der Orte eines Planeten auf der Himmelskugel kann man ein Bild seines Laufes erhalten. Die Beobachtungen lehren, dass sowol dieser Lauf als auch die einzelnen Vorgänge desselben höchst verwickelter Natur sind.

Man hatte bereits im Alterthum erkannt, dass die Unregelmässigkeiten im Planetenlauf von zweierlei Natur sind, welche man daher mit den Namen der ersten und zweiten Ungleichheit bezeichnete. Der erste Versuch einer Erklärung dieser Erscheinungen geschah auf Grundlage der Ideen der griechischen Naturphilosophie. Nach diesen galt die Kugel als der vollkommenste Körper, die Kreislinie als die vollkommenste Linie. Man dachte sich daher die Welt als eine Kugel, in deren Mittelpuncte sich der Mittel-

7*

punct der ruhenden Erde befindet, und suchte die Bewegungen der Planeten durch gleichförmige Bewegungen
in Kreisen darzustellen [9]). Um in Kürze das Wesen der
beiden Ungleichheiten zu bezeichnen, mag hier nur an die
elliptische Bewegung der Planeten um die Sonne erinnert
werden. Die Unterschiede, welche dadurch entstehen, dass
die Bewegung der Planeten nicht in Kreisen, sondern
in Ellipsen geschieht, bildeten die erste Ungleichheit. Die
zweite Ungleicheit hat darin ihren Grund, dass wir die
Beobachtungen der Gestirne auf der Erde, welche sich
selbst um die Sonne bewegt, anstellen. Alle die jetzt als
scheinbar erkannten Orts - Veränderungen der Planeten,
welche durch die jährliche Bewegung der Erde entstehen
und welche sich hauptsächlich in den Stillständen und rückläufigen Bewegungen äussern, bildeten die zweite Ungleichheit. Die erste Ungleichheit äussert sich wieder in den
Unregelmässigkeiten der zweiten Ungleichheit; z. B. in der
Verschiedenheit der Zeiten zwischen den Conjunctionen
und Oppositionen, Grösse des Bogens der rückläufigen
Bewegung, u. s. w.

---

## Erster Abschnitt.

### Aeltere Theorie.

### 43.

Die erste auch für die Berechnung der Planetenörter
anwendbare Theorie wurde von den alexandriner Astronomen, deren berühmteste Vertreter Hipparch (um 130
v. Chr.) und Claudius Ptolemäus (um 150 n. Chr.)
waren, aufgestellt. In des Letzteren Almagest, einer
Sammlung mathematischer und astronomischer Schriften,
ist diese Theorie streng geometrisch durchgeführt.

Die erwähnten Astronomen bedienten sich zur Darstellung des Planetenlaufes zweier Hülfsmittel: des excentrischen Kreises für die erste Ungleichheit, des Epicykels für die zweite Ungleichheit. Es soll daher hier die Theorie dieser beiden Hülfsmittel gegeben werden.

## I. Excentrischer Kreis.

Es sei (Fig. 8) $O$ der Mittelpunct des excentrischen Kreises, $a$ dessen Radius. Der Punct $S$ im Innern des excentrischen Kreises sei der Mittelpunct der Welt, in dem durch die beiden Puncte $S$ und $O$ be-
stimmten Durchmesser $A P$ (der
Apsidenlinie des excentrischen
Kreises) habe der Punct $F$ die
Eigenschaft, dass von demselben
aus die Bewegung eines Punctes

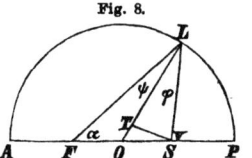

Fig. 8.

$L$ im Umfang des excentrischen Kreises gleichförmig erscheint, so dass die vom Puncte $F$ nach $L$ gezogenen Geraden in gleichen Zeiten gleiche Winkel bilden. Diese Geraden schneiden daher einen aus dem Puncte $F$ als Mittelpunct mit dem Radius $= a$ beschriebenen Kreis in gleichen Bögen. Dieser Kreis heisst der Aequant, der Punct $F$ das *punctum aequans*.

Der Winkel $PSL = v$, welchen die Gerade $SL$ mit der Apsidenlinie bildet, heisst die wahre Anomalie, der Winkel $PFL = \alpha$, welchen die Gerade $FL$ mit der Apsidenlinie bildet, heisst die mittlere Anomalie des excentrischen Kreises; beide Winkel werden im Sinne der Bewegung von 0 bis 360⁰ gezählt*).

*) Ursprünglich, etwa bis Euler, zählte man die Anomalien vom Puncte $A$ (Apogeum, Aphel), hier sollen die Anomalien immer vom Puncte $P$ (Perigeum, Perihel) gezählt werden.

Ist $OS = ae$, $FO = ae'$, also $FS = a\,(e + e')$, so heisst
$e$ die Excentricität des excentrischen Kreises, $e'$ die Excentricität des Aequanten, $e + e'$ die ganze Excentricität.

Der Winkel $OLS = \varphi$ heisst die optische Gleichung

„   $FLO = \psi$   „   physische   „   .

Die Summe $\varphi + \psi = FLS = v - \alpha$ heisst die Mittelpunctsgleichung.

Sind die Elemente $a$, $e$, $e'$ gegeben, so kann man für die mittlere Anomalie $\alpha$ den wahren Ort des Punctes $L$ berechnen.

Denn aus dem Dreiecke $FLO$ erhält man, aus
$$\sin \psi = e' \sin \alpha,$$
den Winkel $\psi$.

Aus dem Dreiecke $OLS$ erhält man, da Winkel $SOL = \psi + \alpha$ ist, den Winkel $\varphi$ und die Distanz $SL = r$.

Aus $\varphi$, $\psi$ und $\alpha$ folgt: $v = \alpha + \varphi + \psi$.

Umgekehrt kann man aus $v$ und $r$ die mittlere Anomalie $\alpha$ bestimmen.

## II. Epicykel.

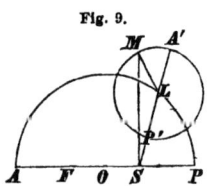

Fig. 9.

Um den Punct $L$ (Fig. 9) als Mittelpunct beschreibt im ptolemäischen System der Planet $M$ einen Kreis, dieser Kreis heisst der Epicykel. Die vom Puncte $S$ nach dem Mittelpuncte $L$ des Epicykels gezogene Gerade bestimmt den Durchmesser $A'P'$ d. i. die wahre Apsidenlinie des Epicykels. Ein darauf senkrechter Durchmesser wird der mittlere Durchmesser genannt.

Der Punct $A'$ heisst das wahre Apogeum des Epicykels.

„   $P'$   „   Perigeum   „

In Verbindung mit dem Epicykel wird der excentrische Kreis deferirender Kreis genannt.

Einem im Puncte $S$ befindlichen Auge erscheint (bei ruhendem Puncte $L$) die Bewegung des Punctes $M$ im oberen Theile des Epicykels rechtläufig, im unteren rückläufig.

### 44.

Um die Genauigkeit zu prüfen, mit welcher die erste Ungleichheit dargestellt werden kann, möge die Entwicklung der Grössen $r$ und $v$ sowol für die Ellipse als für den excentrischen Kreis in Reihen nach Potenzen der Excentricität gegeben werden.

### Hülfssätze.

1) Ist $b$ klein, so folgt aus

$$\operatorname{tang} \varphi = \frac{b \sin u}{1 - b \cos u}$$

$$\varphi = b \sin u + \tfrac{1}{2} b^2 \sin 2u + \ldots$$

2) Ist

$$\operatorname{tang} x = a \operatorname{tang} y,$$

wo $a$ nahe $= 1$ ist, so folgt

$$\operatorname{tang} (x - y) = \frac{(a-1)\operatorname{tang} y}{1 + a \operatorname{tang} y^2} = \frac{2(a-1)\sin y \cos y}{2 \cos y^2 + 2a \sin y^2}$$

oder

$$\operatorname{tang} (x - y) = \frac{\frac{a-1}{a+1} \sin 2y}{1 - \frac{a-1}{a+1} \cos 2y},$$

also

$$x = y + \frac{a-1}{a+1} \sin 2y + \tfrac{1}{2} \left(\frac{a-1}{a+1}\right)^2 \sin 4y + \ldots$$

3) Ist $h$ sehr klein, so ist

$$\sin (x + h) = \sin x + \cos x . h$$
$$\cos (x + h) = \cos x - \sin x . h,$$

indem man $\cos h = 1$, $\sin h = h$ setzt.

I. Bezeichnet man für die Ellipse die mittlere Anomalie ebenfalls mit $\alpha$, so ist nach Art. 2.

$$E = \alpha + e \sin E,$$

also bis auf einen Fehler zweiter Potenz von $e$

$$E = \alpha + e \sin \alpha,$$

und bis auf einen Fehler dritter Potenz von $e$

$$E = \alpha + e \sin (\alpha + e \sin \alpha),$$

oder nach 3)

$$E = \alpha + e \sin \alpha + \tfrac{1}{2} e^2 \sin 2\alpha.$$

Aus $\operatorname{tang} \dfrac{v}{2} = \sqrt{\dfrac{1+e}{1-e}} \operatorname{tang} \dfrac{E}{2}$ folgt nach 2)

$$\frac{v}{2} = \frac{E}{2} + b \sin E + \tfrac{1}{2} b^2 \sin 2 E + \ldots,$$

wo $b = \dfrac{\sqrt{1+e} - \sqrt{1-e}}{\sqrt{1+e} + \sqrt{1-e}} = \dfrac{1 - \sqrt{1-e^2}}{e} = \tfrac{1}{2} e + \tfrac{1}{8} e^3 + \ldots$ ist.

Substituirt man statt $E$ den obigen Werth, so erhält man bis auf einen Fehler dritter Potenz von $e$

(1) $\qquad v = \alpha + 2e \sin \alpha + \tfrac{5}{4} e^2 \sin 2\alpha.$

Aus $\dfrac{r}{a} = 1 - e \cos E$ folgt, wegen

$$\cos E = \cos (\alpha + e \sin \alpha) = \cos \alpha - e \sin \alpha^2,$$

(2) $\qquad \dfrac{r}{a} = 1 + \tfrac{1}{2} e^2 - e \cos \alpha - \tfrac{1}{2} e^2 \cos 2\alpha.$

II. Für den excentrischen Kreis ist

$$\sin \varphi = e \sin v, \quad \sin \psi = e' \sin \alpha.$$

Daraus folgt bis auf einen Fehler dritter Ordnung

$$\varphi = e \sin v, \ \psi = e' \sin \alpha,$$

oder $\varphi = e \sin (\alpha + \varphi + \psi) = e \sin \alpha + e \cos \alpha. (\varphi + \psi).$

Setzt man im letzten Gliede $\varphi + \psi = (e + e') \sin \alpha$, so erhält man

(3) $\varphi + \psi = v - \alpha = (e + e') \sin \alpha + \tfrac{1}{2} e (e + e') \sin 2\alpha.$

Projicirt man den Radiusvector $SL$ auf die Gerade $OL$, so erhält man

$$r \cos \varphi = a - ae \cos E.$$

Setzt man in $\dfrac{a}{\cos \varphi}$ für $\dfrac{1}{\cos \varphi} = 1 + \tfrac{1}{2}\varphi^2 = 1 + \tfrac{1}{2}e^2 \sin \alpha^2$,

in $\dfrac{ae \cos E}{\cos \varphi}$ für $\cos \varphi = 1$, $E = \alpha + e' \sin \alpha$, so erhält man

(4) $\quad \dfrac{r}{a} = 1 + \tfrac{1}{4}(e^2 + 2ee') - e \cos \alpha - \tfrac{1}{4}(e^2 + 2ee') \cos 2\alpha.$

Für $e' = 0$ ist der excentrische Kreis mit dem Aequanten identisch, und man hat, wenn $e = 2\varepsilon$ gesetzt wird,

$$v = \alpha + 2\varepsilon \sin \alpha + 2\varepsilon^2 \sin 2\alpha$$

$$\frac{r}{a} = 1 + \varepsilon^2 - 2\varepsilon \cos \alpha - \varepsilon^2 \cos 2\alpha.$$

Für eine Ellipse mit der Excentricität $e = \varepsilon$ beträgt der Unterschied in $v$

Ellipse — Excenter $= - \tfrac{3}{4} e^2 \sin 2\alpha,$

also für $v = 45^0$, $135^0$, ... ein Maximum.

Man nennt diesen Fall „Einfache Excentricität."

Nach dieser Voraussetzung wurden die Orte der Sonne berechnet. Man hatte bereits damals die Unregelmässigkeit der jährlichen Sonnenbewegung erkannt, z. B. Um vom Frühlingspuncte zum Herbstpuncte zu gelangen, braucht nach Ptolemäus die Sonne 186 Tage 11 Stunden, während sie vom Herbstpunct zum Frühlingspunct 178 Tage 18 Stunden benöthigt. Selbst in den Theilen dieser Bögen der Ecliptik wurden Unterschiede bemerkt. Wegen der Kleinheit der Excentricität $e = 0.0168$ beträgt der grösste Fehler dieser Hypothese nur 43″.

Eine von $S$ parallel mit der Geraden $OL$ (oder $FL$) gezogene Gerade bestimmt die mittlere Sonne*). Die

---

\*) Diese mittlere Sonne ist nicht identisch mit der mittleren Sonne, welche uns zum Mass der Zeit dient; letztere bewegt sich im Aequator gleichförmig und geht mit der, durch die mittlere Anomalie bestimmten, ersten mittleren Sonne gleichzeitig durch den Frühlingspunct.

Richtungen von $O$ nach $L$ und von $S$ nach der mittleren Sonne sind daher einander parallel.

Für $e' = e$ „gleiche Theilung der Excentricität" wird:

$$v = \alpha + 2e \sin \alpha + e^2 \sin 2\alpha$$

$$\frac{r}{a} = 1 + \tfrac{3}{4} e^2 - e \cos \alpha - \tfrac{3}{4} e^2 \cos 2\alpha.$$

Diese Construction wurde bei den Planeten, mit Ausnahme des Merkur, angewendet.

Der Unterschied Ellipse — Excenter beträgt

in $v$: $+ \tfrac{1}{4} e^2 \sin 2\alpha$

„ $\frac{r}{a}$: $- \tfrac{1}{4} e^2 (1 - \cos 2\alpha)$.

Für $\alpha = 45^0$, $135^0$, .. ist der Unterschied von $v$, und für $\alpha = 90^0$, $270^0$ der von $\frac{r}{a}$ ein Maximum.

Für den Planeten Mars ist $e = 0.093$; also die grössten Unterschiede von $v$ und $\frac{r}{a}$ resp. $\pm 7'.5$ und $- 0.00432$.

## 45.

### Bestimmung der Länge der Planeten.

Die Bewegung des Planeten in Länge ist zusammengesetzt aus der Bewegung des Mittelpunctes des Epicykels im excentrischen Kreise und des Planeten im Umfange des Epicykels; die Regeln der Berechnung sind jedoch verschieden für die oberen Planeten (Mars, Jupiter, Saturn) und unteren Planeten (Venus und Merkur).

Bei der Längenbestimmung werden die Ebene des excentrischen Kreises und des Epicykels in der Ecliptik liegend vorausgesetzt[10]).

1) Bei den oberen Planeten hatte man beobachtet, dass im Mittel jeder Planet in seiner siderischen Umlaufszeit zu demselben Punct des Thierkreises zurückkehrt;

d. h., dass die erste Ungleichheit von dem Orte der Sonne unabhängig ist. Der Mittelpunct $L$ des Epicykels bewegt sich daher in der siderischen Umlaufszeit des Planeten im Umfange des excentrischen Kreises von der gleichen Theilung der Excentricität derart, dass, für die Erde als Mittelpunct der Welt im Puncte $S$, diese Bewegung vom Punct $F$ aus gleichförmig erscheint.

Die zweite Ungleichheit hängt von der Stellung des Planeten gegen die Sonne ab. Geht die Linie nach der mittleren Sonne durch den Planeten, so findet eine m i t t l e r e Conjunction oder Opposition des Planeten mit der Sonne statt*). Zur Zeit der mittleren Conjunction befindet sich der Planet im wahren Apogeum, zur Zeit der mittleren Opposition im wahren Perigeum des Epicykels; es verschwindet daher die zweite Ungleichheit.

Die Bewegung des Planeten $M$ im Epicykel geschieht nun derart, dass der Winkel $A'LM$ gleich ist dem Ueberschusse der mittleren Sonnen-Bewegung in der Ecliptik über die wahre Bewegung des Punctes $L$ für die seit der mittleren Conjunction verflossene Zeit.

Daraus folgt, indem man zu beiden Bewegungen die gemeinschaftliche Länge zur Zeit der mittleren Conjunction addirt:

Länge der mittleren Sonne — wahre Länge des Punctes $L =$ Winkel $A'LM$; d. i. die Gerade $LM$ ist parallel zu der vom Puncte $S$ nach der mittleren Sonne gezogenen Geraden.

Für die Berechnung des Ortes $M$ sei die Lage der Apsidenlinie des excentrischen Kreises, die Excentricität,

---

*) Ein Gestirn ist in Conjunction oder Opposition mit der Sonne, wenn der Längenunterschied resp. 0 oder 180⁰ beträgt; die heliocentrische Länge des Gestirns ist dann gleich der geocentrischen.·

das Verhältniss der Radien der beiden Kreise und die mittlere Länge des Punctes $L$ gegeben.

Man bestimme die mittlere Anomalie = mittlere Länge — Länge des Perihels und aus dieser nach Art. 43. die wahre Anomalie und die Grösse $SL = r$, wobei $OL = 1$ gesetzt wird.

In dem Dreiecke $SLM$ rechne man nun aus $SL$, $LM$ und dem eingeschlossenen Winkel die Distanz $SM$ und den Winkel $LSM$; dieser zur Länge des Punctes $L$ hinzuaddirt gibt die Länge des Planeten $M^{11}$).

2) Bei den unteren Planeten hatte man beobachtet, dass sie im Mittel mit der Sonne zugleich zu demselben Punct des Thierkreises zurückkehren, und dass die zweite Ungleichheit von dem Orte der Sonne unabhängig ist.

Für die Venus gilt dieselbe Berechnungsmethode der Länge wie bei den oberen Planeten; jedoch mit dem Unterschiede, dass die Bewegung des Mittelpunctes des Epicykels identisch ist mit der Bewegung der mittleren Sonne, wogegen sich der Planet in der synodischen Umlaufszeit (= 583 Tage) im Epicykel gleichförmig herumbewegt.

3) Für den Planeten Merkur (derselbe bereitete, wegen der bedeutenden Excentricität = ⅓, den alten Astronomen grössere Schwierigkeiten) wurde eine besondere Theorie gegeben.

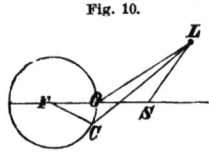

Fig. 10.

Um den Punct $F$ (Fig. 10) beschreibe man mit dem Radius $ae$ einen Kreis, welcher also durch den Punct $O$, welcher das *punctum aequans* ist, geht. Von $O$ aus bewegt sich der Mittelpunct $C$ des deferirenden Kreises entgegengesetzt der Bewegung der Himmelkörper derart, dass der Winkel $OFC$ gleich der mittleren Anomalie des Planeten ist. Die mittlere Länge des Mittelpunctes des Epicykels ist gleich der Länge der mittleren Sonne. Beschreibt man aus $C$ mit dem Radius des deferirenden Kreises einen Kreis, welcher die unter der Richtung der mittleren Anomalie gezogene Gerade $OL$ im Puncte $L$ schneidet, so ist $L$ der Mittelpunct des Epicykels. Dazu kommt noch die Bewegung des Planeten im Epicykel, welche in der synodischen Umlaufszeit ($= 116$ Tage) einen Umlauf beträgt.

Die Theorie des Planeten Merkur unterscheidet sich von der für die übrigen Planeten:

1) Durch die einfache Excentricität.

2) Der Mittelpunct des deferirenden Kreises ist nicht fest, sondern bewegt sich auf einem Kreise, dessen Radius $= ae$ und dessen Mittelpunct das frühere *punctum aequans* ist[12]).

### 46.

#### Bestimmung der Breite der Planeten.

1) **Für die oberen Planeten.** Hinsichtlich der Breite dieser Planeten hatte man folgende Erscheinungen beobachtet: Die Breiten sind sowohl nördlich als südlich, die nördlichen Breiten sind häufiger als die südlichen; die grössten nördlichen Breiten sind untereinander verschieden; dasselbe gilt auch von den südlichen, letztere sind grösser als erstere. Während eines siderischen Umlaufes verschwinden die Breiten zweimal.

Durch das Weltcentrum $S$ sei eine auf die Apsidenlinie senkrechte Gerade gezogen — die Knotenlinie des excentrischen Kreises; der Ebene desselben gebe man eine solche (feste) Neigung gegen die Ecliptik, dass der grössere Theil des excentrischen Kreises nördlich, der kleinere also

südlich liegt. Liegt der Mittelpunct des Epicykels in einem
Knoten des excentrischen Kreises, so fällt die Ebene des
Epicykels mit der Ecliptik zusammen; die Breite des Planeten verschwindet. Während der Bewegung des Mittelpunctes des Epicykels vom aufsteigenden Knoten bis zum
Apogeum *A* neigt sich dessen Ebene langsam, so dass das
Apogeum des Epicykels sich nach Süden, das Perigeum
nach Norden wendet; dabei bleibt der mittlere Durchmesser
parallel zur Ecliptik. Am grössten ist diese Schwankung im
höchsten Puncte des excentrischen Kreises, d. i. im Puncte *A*.
Von diesem Puncte bis zum absteigenden Knoten vermindert
sich diese Schwankung nach demselben Gesetze. Bei der
weiteren Bewegung des Mittelpunctes des Epicykels nähert
sich dessen Apogeum nach Norden, also das Perigeum nach
Süden.

2) Für die untern Planeten wird die Breite durch
eine veränderliche Neigung der Ebene des deferirenden
Kreises gegen die Ecliptik und durch Schwankungen der
Ebene des Epicykels um dessen mittleren Durchmesser und
dessen Apsidenlinie erklärt.

## Zweiter Abschnitt.

### Neuere Theorien.

#### a) Kopernikus.

#### 47.

Die Planetentheorie des Ptolemäus hat sich beinahe
vierzehn Jahrhunderte erhalten, dieselbe war die herrschende
bei allen gebildeten Völkern.

Erst mit dem Ende des Mittelalters trat eine grosse
Revolution der Sternkunde durch Nikolaus Kopernikus
(geb. 1475, gest. 1543) ein. Kopernikus zeigte in seinem

Werke *De revolutionibus orbium coelestium*, welches 1543 zu
Nürnberg erschien, dass sich die Erscheinungen der Bewegungen der Gestirne viel einfacher erklären lassen, wenn
man die Bewegung der Erde voraussetzt. Er gab zu diesem
Zwecke der Erde drei Bewegungen: 1) Eine Axendrehung,
um die tägliche Umdrehung der Himmelskugel, 2) eine
jährliche Bewegung der Erde mit einer schiefen Lage der
Erdaxe gegen die Ecliptik, um die jährliche Bewegung der
Sonne und die Schiefe der Ecliptik, 3) eine langsame Bewegung der Pole der Erdaxe um die Pole der Ecliptik, um die
Erscheinung der Präcession der Nachtgleichen zu erklären.

Für die jährliche Bewegung der Erde um die Sonne
setzte Kopernikus übereinstimmend mit Ptolemäus die einfache Excentricität voraus.

Für die Erklärung der ersten Ungleichheit der Planetenbewegung (die zweite Ungleichheit fiel in Folge der jährlichen Bewegung der Erde weg) bediente sich Kopernikus
der Epicykeln.

Es sei (Fig. 11) $S$ der Mittelpunct
der Welt, als welcher von Kopernikus
der Mittelpunct der Erdbahn, d. i. der
mittlere Sonnenort angenommen wurde.
Die Gerade $AP$ sei die Apsidenlinie.
Um den Punct $S$ bewege sich in der

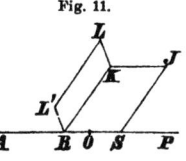

Fig. 11.

Entfernung $SJ = a$ der Mittelpunct $J$ des grösseren Epicykels vom Halbmesser $JK = \frac{3}{4} ae$, um den Punct $J$ bewege
sich der Mittelpunct $K$ des kleineren Epicykels vom Halbmesser $KL = \frac{1}{4} ae$, und im Umfang des letzteren der
Planet $L$ derart, dass die Winkel der Geraden $SJ$, $JK$, $KL$
mit der Apsidenlinie $AP$ resp.:

$$\alpha, \; 180^0, \; 2\,\alpha$$

sind, wo $\alpha$ die mittlere Anomalie bedeutet.

Zieht man die Gerade $KR$ parallel zur Geraden $JS$ und macht $SO = ae$, so ist $SR = \frac{3}{4} ae$ und $RO = \frac{1}{2} ae$; d. h. die Bewegung ist dieselbe, wenn sich der Punct $K$ um den Punct $R$ und der Planet $L$ um den Punct $K$ bewegt.

Zieht man die Gerade $RL' = \frac{1}{2} ae$ parallel mit der Geraden $KL$, so sind $LL'$, $KR$, $JS$ einander parallel; d. h. man kann auch den Punct $L'$ um den Punct $R$ und den Planeten $L$ um den Punct $L'$ sich bewegen lassen.

Diese drei von Kopernikus unter den Namen 1) *Epicepi-cyclus*, 2) *Eccentrepicyclus*, 3) *Eccentri eccentrus* angegebenen Formen der Planetentheorie, geben also denselben Ort des Planeten. Dieselben wurden unmittelbar bei den Planeten mit Ausnahme Merkurs angewendet; letzterer erforderte wegen der grossen Excentricität eine besondere Theorie.

Setzt man $SL = r$ und bezeichnet den Winkel $PSL$ mit $v$, so erhält man durch Projection auf ein durch den Punct $S$ gelegtes rechtwinkliges Axensystem, für welches die Gerade $AP$ die $x$-Axe ist, die Gleichungen

$$r \cos v = a \cos \alpha - \frac{3}{2} ae + \frac{1}{2} ae \cos 2\alpha$$
$$r \sin v = a \sin \alpha \qquad + \frac{1}{2} ae \sin 2\alpha,$$

woraus folgt

$$r \cos (v - \alpha) = a - ae \cos \alpha$$
$$r \sin (v - \alpha) = \qquad 2 ae \sin \alpha,$$

und damit

$$\tang (v - \alpha) = \frac{2 e \sin \alpha}{1 - e \cos \alpha},$$

also bis auf Glieder zweiter Ordnung

$$v = \alpha + 2 e \sin \alpha + e^2 \sin 2\alpha$$
$$\frac{r}{a} = 1 + e^2 - e \cos \alpha - e^2 \cos 2\alpha.$$

Hinsichtlich der wahren Anomalien ersetzen sich bis auf Glieder zweiter Ordnung der Excentricität die kopernikanische Theorie und der excentrische Kreis mit gleicher Theilung der Excentricität. Vergl. Art. 44.

Die Breite der Planeten wird bei Kopernikus durch ähnliche Schwankungen wie bei Ptolemäus erklärt.

## b) Tycho Brahe und Keppler.

### 48.

Das kopernikanische System hatte anfänglich viele Gegner gefunden, wozu mancherlei Veranlassung war. Erstens war der unmittelbare Gewinn für die berechnende Astronomie gering; denn die Basis der kopernikanischen Planetentheorie waren grösstentheils die alten Beobachtungen, auf welchen der Almagest des Ptolemäus beruhte, nur einige wenige Beobachtungen von Kopernikus selbst und drei nürnberger Beobachtungen des Planeten Merkur von Bernhard Walther und Johann Schoner wurden noch verwendet. Die von Erasmus Reinhold nach dieser Theorie berechneten prutenischen Tafeln wichen zu Kepplers Zeiten von dem beobachteten Orte um Grade ab, so dass sich die Richtigkeit der Theorie nicht prüfen liess, und das Ansehen des Almagest bei der Unduldsamkeit der religiösen Parteien dadurch fast gar nicht erschüttert wurde.

Der Einwurf, dass die Fixsterne keine jährlichen Parallaxen zeigen, konnte, unter Hinweisung auf die Kleinheit derselben, wegen der Ungenauigkeit der Beobachtungen der damaligen Zeit noch leicht zurückgewiesen werden.

Ausserdem machte das Verständniss des kopernikanischen Werkes den Zeitgenossen bedeutende Schwierigkeiten; denn früher hatte man vorausgesetzt, dass jede beobachtete Bewegung eines Körpers demselben auch wirklich zukomme, während Kopernikus die Stillstände und rückläufigen Bewegungen für Schein erklärte, entstanden durch die Bewegung der Erde. Man warf dem neuen Systeme vor, dass es die Begriffe von Ruhe und Bewegung verwirre, von welchem Vorwurfe es erst durch Galilei durch die Einführung des Begriffes der relativen Bewegung gereinigt wurde.

Das grösste Verdienst für das kopernikanische System gebührt jedoch Kepplern.

## 49.

Johannes Keppler, geb. 1571 zu Weil im Würtembergischen, war berufen der eigentliche Reformator der theoretischen Astronomie zu werden. Von Tübingen, wo ihn sein Lehrer Mästlin in das kopernikanische System einführte, wurde er nach vollendeten Studien den steirischen Ständen als Lehrer der Mathematik und Moral für das protestantische Gymnasium in Graz empfohlen. Unterstützt von einer fast divinatorischen Erfindungsgabe vereint mit einem eisernen Fleisse und einer unbegränzten Vorliebe für alles Geheimnissvolle und Wunderbare, gelang es Kepplern die wahren Gesetze der Planetenbewegung zu entdecken. Dabei ist es höchst beachtenswerth, das Keppler dieselben hauptsächlich zum Zwecke der Begründung seiner kosmischen Ideen, welche in einer Vereinigung der pythagoräischen Vorstellungen mit den christlichen Ideen seiner Zeit bestanden, entdeckte. Dieser mystische Zug seines Geistes tritt am deutlichsten in seinem Erstlings-Werke „*Mysterium cosmographicum*" (1596 zum erstenmale in Tübingen und zum zweitenmale mit Anmerkungen von Keppler 1621 in Frankfurt herausgegeben) hervor.

Anfänglich suchte Keppler ein Gesetz zwischen den Entfernungen der Planeten von der Sonne, jedoch ohne Erfolg; nun versuchte er auf geometrischem Wege das Geheimniss des Weltbaues zu ergründen. Das Krumme ist

ein Bild Gottes, in der Kugel selbst ist durch den Mittelpunct, die Oberfläche und die Gleichheit der Beschaffen-
heit zwischen Mittelpunct und Oberfläche die Dreieinigkeit
versinnlicht. Bei der Erschaffung der Welt wurde zuerst
die Alles umfassende Fixsternensphäre nach dem Voll-
kommensten in der Geometrie, dem Bilde der Kugel, ge-
schaffen. Das Vollkommenste nach der Kugel sind die
fünf regulären Körper. Diese hatten schon bei den Pythago-
räern eine kosmologische Bedeutung. Es bedeutete nämlich
der Würfel die Erde, das Ikosaeder den Himmel, die Py-
ramide das Feuer, die beiden übrigen die Luft und das
Wasser. Das Planetensystem ist daher nach der Idee der
fünf regulären Körper gebildet. Dieser Grundgedanke
wird nun auf folgende Art durchgeführt: Jedem regulären
Körper lässt sich eine Kugel umschreiben und einschreiben.
Die sechs Planetensphären bilden fünf Zwischenräume,
zwischen welche man die fünf regulären Körper so ein-
schalten kann, dass — die Sonne als gemeinsamer Mittelpunct der Sphären und regulären Körper vorausgesetzt —
jedem dieser Körper eine Sphäre um- und einbeschrieben ist.

Die Aufeinanderfolge ist derart: Saturn, Kubus,
Jupiter, Tetraeder, Mars, Dodekaeder, Erde, Ikosaeder, Venus, Octaeder, Merkur. Dabei ist die Saturnsphäre dem Würfel umschrieben, die Jupitersphäre dem Würfel
einbeschrieben und dem Tetraeder umschrieben, u. s. w.

Da jedoch die Bewegung der Planeten nicht in Kreisen
geschieht, in deren Mittelpunct sich die Sonne befindet,
sondern in excentrischen Bahnen; so gab Keppler den
Sphären (ähnlich wie Peurbach) eine solche Dicke als
der Unterschied der grössten und kleinsten Entfernung des
Planeten von der Sonne beträgt. Die Anordnung war nun
so, dass z. B. die innere Oberfläche der Saturnsphäre dem

Würfel umschrieben, die äussere Oberfläche der Jupitersphäre dem Würfel einbeschrieben war, und ebenso bei
den übrigen Planeten.

Setzt man den Halbmesser der umschriebenen Kugel
= 1000, so ist der Halbmesser der einbeschriebenen
Kugel im

Kubus      577
Tetraeder   333
Dodekaeder 795
Ikosaeder  795
Octaeder   577

Beschreibt man in das von den vier mittleren Seiten des
Octaeders gebildete Quadrat einen Kreis, so ist dessen
Halbmesser. = 707.

Für die aus der Theorie des Kopernikus folgenden
Werthe der Entfernungen der Planeten vom Mittelpuncte
der Erdbahn ergibt sich:

$$
\text{Setzt man die kleinste Entfernung von}
\begin{Bmatrix} \text{Saturn} \\ \text{Jupiter} \\ \text{Mars} \\ \text{Erde} \\ \text{Venus} \end{Bmatrix}
= 1000, \text{ so ist die grösste Entfernung von}
\begin{Bmatrix} \text{Jupiter} \\ \text{Mars} \\ \text{Erde} \\ \text{Venus} \\ \text{Merkur} \end{Bmatrix}
=
\begin{Bmatrix} 635 \\ 333 \\ 757 \\ 794 \\ 723 \end{Bmatrix} *).
$$

Mit Ausnahme des Planeten Jupiter sind die Abwei-
chungen von den obigen Zahlen geringe; Keppler schob
diese Unterschiede auf die mangelhafte Theorie des Kopernikus, namentlich auf die ungenauen Excentricitäten; er
konnte das mit Recht thun: denn zu seiner Zeit betrug
die Abweichung der prutenischen Tafel für den Mars $3^0$,
für die Venus $5^0$, für Merkur sogar $10^0$ oder $11^0$. Keppler

---

*) Aus den tychonischen Beobachtungen folgen die Zahlen: 608,
336, 737, 742, 654, welche von den neueren Angaben nicht viel abweichen.

hatte die sichere Ueberzeugung, dass seine Ideen des Weltbaues nach den regulären Körpern mit den richtig bestimmten
Entfernungen und Excentricitäten übereinstimmen würden.
Es handelte sich also um genauere Werthe für diese Grössen;
allein für diese waren genauere Beobachtungen nöthig als
diejenigen waren, auf welche Kopernikus seine Theorie ge-
gründet hatte. Zum Glücke für Kepplers reformatorische
Bestrebungen war gleichzeitig in der Beobachtungskunst
ein riesiger Fortschritt gemacht worden durcn den dänischen
Astronomen Tycho Brahe.

## 50.

Tycho Brahe, geb. 1546, stammte aus einem alten
dänischen Geschlechte. Schon in frühester Jugend sich mit
Astronomie beschäftigend, erkannte er die Ungenauigkeit
der Beobachtungen als die eigentliche Quelle der Fehler
der astronomischen Tafeln, und fasste daher den Plan auf
Grundlage sorgfältiger Beobachtungen neue astronomische
Tafeln zu rechnen. Die Missachtung der Wissenschaften
durch den dänischen Adel bewog ihn zu einer Reise nach
Deutschland, wo er mit den meisten Astronomen seiner
Zeit Bekanntschaft machte. Auf einer zweiten Reise hielt
er sich längere Zeit beim Landgrafen Wilhelm IV. von
Hessen auf, welcher ebenfalls durch Vereinfachung der
astronomischen Instrumente eine grössere Genauigkeit der
Beobachtungen anstrebte. Nach seiner Rückkehr nach
Dänemark liess ihm der König Friedrich II., welcher durch
den Landgrafen Wilhelm auf Tycho aufmerksam gemacht
war, auf der Insel Hween ein mit allen Hülfsmitteln ver-
sehenes Observatorium „Uranienburg" errichten.
Mit Hülfe zahlreicher Schüler wurde in dem Zeitraume
von 21 Jahren ein grosses Fixsternverzeichniss angelegt,

fortgesetzte Beobachtungen der Sonne, des Mondes, der Planeten und Kometen angestellt. Es wurden die Instrumentalfehler mit Hülfe der Beobachtungen bestimmt, und die Correctionen der Beobachtungen ermittelt.

Nach dem Tode Friedrichs II. wurde Tycho durch die Intriguen des Ministers Walkendorf gezwungen, sein Vaterland zu verlassen. Er folgte nun einem Rufe des Kaisers Rudolf II. nach Prag, welches nun der Sitz der Astronomie wurde. Hier sollten vor allem aus den Beobachtungen neue astronomische Tafeln gerechnet werden, zu welcher Arbeit fast alle mathematischen Kräfte der damaligen Zeit aufgeboten wurden; auch Keppler, welcher durch sein Geheimniss des Weltbaues bereits die Aufmerksamkeit der astronomischen Welt auf sich gelenkt hatte, wurde hierzu von Tycho eingeladen. Keppler, ohnedies durch die Religionsverfolgung bedrängt, kam gegen Ende Januar 1600 nach Prag. Hier hatte Tycho mit Hülfe des Longomontanus bereits die Theorie der Sonne und des Mondes vollendet, und machte sich eben an die Bearbeitung der Planeten, als er plötzlich (1601) starb.

Das System, nach welchem Tycho die Bewegungen der Planeten darstellen wollte, war ein Uebergang vom ptolemäischen zum kopernikanischen. Tycho setzt die ruhende Erde als Weltcentrum voraus, lässt um dieselbe in einem excentrischen Kreise mit einfacher Excentricität die Sonne bewegen, und um diese in der ersten kopernikanischen Form (*Epicepicyclus*) die Planeten, wobei sogar mit Ausnahme des Planeten Mars dasselbe Verhältniss der Radien der Epicykeln angenommen wurde. Ausserdem bezog man im tychonischen Systeme die Beobachtungen nicht auf den wahren Sonnenort, sondern auf den mittleren d. i. den Mittelpunct der Erdbahn.

## 51.

Keppler nach Tychos Tode zum Leiter der kaiserlichen Sternwarte ernannt, hatte nun dessen astronomische Aufgaben übernommen. Da Longomontanus sich gerade mit den Arbeiten über den Planeten Mars beschäftigte, so begann Keppler seine Untersuchungen mit diesem Planeten. Man hatte für denselben bereits eine Theorie erdacht, welche die Längen in der Bahn auf ungefähr 12' darstellte; allein mit den Breiten ging es ziemlich schlecht.

Der Planet Mars ist ganz geeignet für eine richtige Theorie die Grundlagen zu liefern. Die bedeutende Excentricität der Marsbahn $= \frac{1}{11}$ und die Nähe des Planeten zur Erde zur Zeit der Opposition bewirkt, dass die Unrichtigkeit einer falschen Annahme in der Figur der Bahn augenblicklich hervortreten musste. Dem Keppler standen die zahlreichen Beobachtungen Tychos zu Gebote. Diese umfassten einen Zeitraum von 16 Jahren, waren auf die ganze Bahn gleichförmig vertheilt und dabei von einer grossen Genauigkeit, auf höchstens 2' unsicher. Für die späteren Zeiten bediente sich Keppler theils eigener theils der ebenfalls vortrefflichen Beobachtungen des David Fabricius.

Die Bemühungen Kepplers in Betreff des Planeten Mars führten ihn schliesslich zur Entdeckung seiner beiden ersten Gesetze, welche in dem Werke: „*Astronomia nova αἰτιολογητος, seu Physica coelestis tradita commentariis de motibus stellae Martis, ex observationibus G. V. Tychonis Brahe . . . 1609*" enthalten sind.

## 52.

Keppler folgte bei seinen Untersuchungen Anfangs noch den Ideen des Ptolemäus, Kopernikus und Tycho. Zunächst suchte er die Lösung der Frage der ersten Ungleichheit, die Bestimmung der Elemente der Marsbahn; für die Bewegung wurden die früheren Gesetze vorausgesetzt.

Bei der Bestimmung der Elemente können die auf die Lage der Bahn bezüglichen getrennt von den übrigen bestimmt werden; Keppler begann daher seine Untersuchungen mit der Bestimmung der Lage der Marsbahn, d. i. mit der Bestimmung der Knoten und der Neigung.

I. Ist der Planet zur Zeit der Opposition im Knoten, so ist dessen Breite gleich Null und die beobachtete geocentrische Länge = der heliocentrischen Länge = der Länge des Knotens. Keppler findet für die Länge des aufsteigenden Knotens $\Omega = 46\frac{1}{3}^0$. Den absteigenden Knoten findet Keppler auf der entgegengesetzten Seite der Sonne, also um $180^0$ verschieden.

II. Die Neigung bestimmt Keppler directe aus solchen Beobachtungen des Planeten Mars, für welche sich die Erde in der Knotenlinie der Marsbahn befand. Ist $\sigma$ nämlich der Unterschied der geocentrischen Länge des Mars und des Knotens, $\beta$ die beobachtete Breite, so wird die Neigung $i$ erhalten aus:

$$\tan i = \frac{\tan \beta}{\sin \sigma}.$$

Ist zugleich $\sigma = 90^0$, d. h. die Sonne mit dem Planeten in Quadratur, so ist $i = \beta$, d. h. die beobachtete Breite = der Neigung der Bahn. Auch eine Beobachtung dieser Art fand Keppler in dem tychonischen Nachlasse. Keppler findet auf diese Art, und durch zwei andere Methoden bestätigend, für die Neigung den Werth

$$i = 1^0 \, 50'.$$

Durch die Vergleichung einer grösseren Anzahl von Beobachtungen erhält Keppler das wichtige Resultat: 1) Die

Knotenlinie der Marsbahn geht nicht durch den mittleren Sonnenort (durch den wahren bestätiget er am Schlusse) und hat eine constante Lage; 2) Die Neigung ist unveränderlich. Es gibt daher keine Schwankungen der excentrischen Bahnen.

III. Keppler reducirte nun die auf den Mittelpunct der Erdbahn bezogenen Längen des Planeten Mars auf den wahren Ort der Sonne; denn letztere ist das Centrum der Welt, nicht der leere Mittelpunct der Erdbahn.

Von zwölf Oppositionen des Planeten Mars wählte Keppler vier aus (die von den Jahren 1587, 1589, 1591, 1593), für diese vier Orte waren gegeben: a) Die vier wahren Längen in der Bahn, b) Die vier mittleren Längen in der Bahn, deren Differenzen man, da die mittlere Bewegung durch die Umlaufszeit bekannt war, genau kannte. In Folge der Ungenauigkeit der ersten mittleren Länge konnte man dieselben mit einem constanten Fehler voraussetzen. c) Die beobachteten (geocentrischen) Breiten.

Es seien (Fig. 12) $M_1$, $M_2$, $M_3$, $M_4$ die vier Orte des Planeten in der Bahn, $S$ sei der Mittelpunct der Sonne, $ASP$ die Apsidenlinie. Keppler suchte nun eine Bahn unter der Voraussetzung, dass erstens die vier Puncte $M_1 . . M_4$ in einem Kreise, dessen Mittelpunct $O$ ist, liegen, zweitens die Bewegung des Planeten von dem Puncte $F$ aus gleichförmig erscheint; wobei die Puncte $F$, $O$, $S$ in der Apsidenlinie liegen. Die letztere Annahme wird dadurch gefordert, dass die Bewegung am schnellsten ist, wenn das Gestirn der Sonne am nächsten ist.

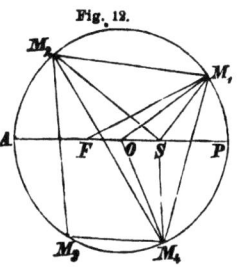

Fig. 12.

Die Auflösung geschieht indirect. Es werde die Lage der Apsidenlinie und die erste mittlere Anomalie, also die Winkel

$$P S M_1, \; P F M_1$$

als bekannt vorausgesetzt.

Man setze $F S = c$, und rechne aus den Dreiecken $F S M_1$, $F S M_2$, $F S M_3$, $F S M_4$, in welchen die Seite $F S$ und die Winkel an derselben bekannt sind, die Entfernungen $S M_1$, $S M_2$, $S M_3$, $S M_4$ in Theilen von $c$.

Aus den Dreiecken $S M_1 M_2$ und $S M_1 M_4$ erhält man den Winkel $M_1$ des Vierecks $M_1 M_2 M_3 M_4$ und analog die Winkel $M_2$, $M_3$, $M_4$. Sollen die vier Puncte $M_1$ . . $M_4$ in einem Kreise liegen, so muss daher

$$1) \quad M_1 + M_3 = M_2 + M_4 = 180^0.$$

Da der Punct $O$ als Mittelpunct des Kreises vorausgesetzt wird, so ist Winkel $M_1 \, O \, M_4 = 2 \, M_1 \, M_2 \, M_4$, der letztere Winkel ist durch die Theile $M_1 \, M_2 \, S$ und $S \, M_2 \, M_4$ bekannt. Bestimmt man im Dreiecke $S \, M_1 \, M_4$ die Seite $M_1 \, M_4$, so kann man im gleichschenkligen Dreiecke $O \, M_1 \, M_4$ den Radius $O \, M_1 = O \, M_4$ in Theilen von $c$ und den Winkel $O \, M_1 \, M_4$ rechnen; mithin auch $c$ in Theilen des Radius angeben. Da Winkel $O \, M_1 \, S = O \, M_1 \, M_4 - S \, M_1 \, M_4$ ist, so kann man im Dreiecke $O \, S \, M_1$ die Seite $O \, S$ und den Winkel $O \, S \, M_1$ bestimmen; nun ist Winkel

$$2) \quad O \, S \, M_1 = 180^0 - P \, S \, M_1.$$

Man ändert nun die Lage der Geraden $A \, P$ d. h. den Winkel $P \, S \, M_1$ und die erste mittlere Anomalie d. h. den Winkel $P F M_1$ so lange, bis die Bedingungen 1) und 2) erfüllt sind [13]).

Nach siebenzig Versuchen erhielt Keppler eine Kreisbahn; dabei war, $O \, P = O \, A = 1$ gesetzt:

$$F\,O = 0.07232,\ O\,S = 0.11332,$$

also die ganze Excentricität = 0.18564, die Hälfte = 0.09282.

Keppler nannte diese Bahn die stellvertretende Hypothese, dieselbe stellte die Längen in der Bahn auf ungefähr $1' - 2'$ dar, also bis auf die Genauigkeit der tychonischen Beobachtungen; sie gibt aber den Radiusvector falsch.

Vergleicht man nämlich diese Kreisbahn mit der Ellipse, so erhält man, wenn für die Ellipse $e = 0.093$ gesetzt wird, als Fehler der wahren Anomalie:

Ellipse — Kreis = $1'.2 \sin \alpha + 1'.1 \sin 2\,\alpha$, also verschwindend. Der Fehler von $\frac{r}{a}$ ist jedoch, wie aus den Formeln (1) und (3) des Art. 44. unmittelbar erhellt, sehr bedeutend.

Ungeachtet der guten Darstellung der Längen in der Bahn (von den Breiten macht Keppler keine Erwähnung) verwarf Keppler diese excentrische Kreisbahn; dazu bewogen ihn die unmittelbaren Bestimmungen der Entfernungen des Mittelpunctes der Bahn von dem Mittelpuncte der Welt (d. i. der Sonne). Keppler bestimmt aus den Beobachtungen in der Nähe des Aphel und Perihel die grösste und kleinste Entfernung des Mars von der Sonne und daraus die Excentricität[14]). Er findet hierbei $e$ nahe = 0.09, welcher Werth von $e = 0.11332$ sehr verschieden ist, mit dem Werthe $\frac{1}{2}\,(e + e') = 0.09282$ nahe übereinstimmt. Keppler versuchte nun die gleiche Theilung mit der Excentricität = 0.09282. Diese Voraussetzung gab in den Anomalien von ungefähr $45^0$, $135^0$, . . einen Fehler von $8'$ bis $9'$ \*). Diese acht Minuten waren für Keppler der Beweis der

---

\*) Da dieser Werth der Excentricität von dem wahren sehr wenig abweicht, so genügt für die Fehlerschätzung der Unterschied der Glieder der zweiten Potenzen, wie er in Art. 44. angegeben ist.

Unrichtigkeit der excentrischen Kreisbahn mit gleicher Excentricität.

Der stellvertretenden Hypothese bediente sich Keppler zur Berechnung der wahren Anomalie, woher er ihr auch diesen Namen gab.

### 58.

Mit der Erkenntniss der Unhaltbarkeit der im vor. Art. erwähnten Hypothesen für die Marsbahn trat ein Wendepunct in den Arbeiten Kepplers ein; er folgte von nun an nur mehr seinen eigenen Ideen. Zunächst versuchte nun Keppler die Lösung der Frage der zweiten Ungleichheit, und da diese ihren Grund in der Bewegung der Erde hat, so suchte Keppler eine genaue Bestimmung der Erdbahn.

Tycho hatte die Sonnenbahn als einen excentrischen Kreis mit dem Mittelpunct als *punctum aequans* vorausgesetzt. Durch die Bestimmung der grössten Mittelpunctsgleichung $\varphi = 2^0 \, 3\frac{1}{4}'$ erhielt er die Excentricität

$$\sin \varphi = e = 0.03584, \quad \text{die Hälfte} = 0.01792.$$

Keppler hatte bereits in seinem „Geheimniss des Weltbaues" die Ansicht geäussert, dass, wenn die Erde nach der kopernikanischen Ansicht ein Planet ist, die gleiche Theilung stattfinden müsste. Als nun Tycho an Keppler schrieb, dass sich die Erdbahn (aus den Beobachtungen der oberen Planeten) zu verengern und erweitern scheine, kam Keppler unmittelbar zur Ansicht, dass ihr Mittelpunct nicht das *punctum aequans* sein könne.

Keppler suchte nun eine unabhängige Bestimmung der Elemente der Erdbahn und bediente sich hierzu der Beobachtungen des Planeten Mars.

Es sei (Fig. 13) der Planet Mars mehrmals in demselben Puncte $M$ seiner Bahn beobachtet worden. Zur Zeit
der ersten Beobachtung sei die Erde
im Puncte $E_1$. Ist $N$ die Projection des
Ortes $M$ auf die Ecliptik, so sind,
wenn man die heliocentrische Länge
des Punctes $M$ oder $N$ und die Länge
der Sonne kennt*), im Dreiecke $S E_1 N$
die sämmtlichen Winkel bekannt, also das Verhältniss

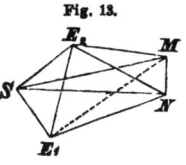

Fig. 13.

$$S E_1 : S N$$

gegeben.

Nach Ablauf eines siderischen Marsjahres befinde sich
die Erde im Puncte $E_2$, man erhält dadurch wieder das
Verhältniss

$$S E_2 : S N; \quad \text{u. s. w.}$$

Man kann daher die Distanzen $S E_1$, $S E_2$, .. in Theilen
der Distanz $S N$ bestimmen.

1) Sind (Fig. 14) zwei Distanzen $S E_1$, $S E_2$ und deren
Lage gegeben, so erhält man — die Lage der Apsiden-
linie $A P$ der Erdbahn (aus den tycho-
nischen Bestimmungen) als bekannt
vorausgesetzt — die Elemente der
Erdbahn auf die folgende Art: Im
Dreiecke $S E_1 E_2$ bestimme man die
Sehne $E_1 E_2$ und den Winkel $E_1$.

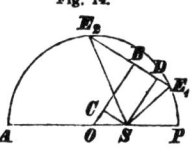

Fig. 14.

Zieht man vom Mittelpuncte $O$ die Gerade $O B \perp E_1 E_2$,
ferner $S D \perp E_1 E_2$, $S C \parallel E_1 E_2$, so erhält man im Dreiecke
$S E_1 D$ die Seiten $S D = C B$ und $E_1 D$, und damit

$$S C = D B = E_1 B - E_1 D.$$

---

*) Die heliocentrische Länge des Mars erhält man hinreichend
genau aus der stellvertretenden Hypothese, die Länge der Sonne
durch die Beobachtung.

Im Dreiecke $SOC$ kennt man die Seite $SC$ und den Winkel $OSC$, weil die Lagen der Geraden $E_1 E_2$ und $AP$ bekannt sind, man erhält daher die Seite $OC$ und $OS$.

Aus $OB = OC + SD$ und $E_1 B$ erhält man den Radius $OE_1 = OE_2$ und damit die Excentricität

$$e = \frac{OS}{OE_1}.$$

2) Sind (Fig. 15) drei Distanzen $SE_1$, $SE_2$, $SE_3$ und deren Lage gegeben, so kann man aus denselben sämmt-liche Elemente der Erdbahn be-stimmen. In dem Dreiecke $SE_1 E_2$

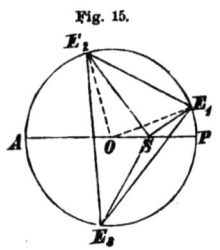

Fig. 15.

rechne man die Seite $E_1 E_2$, ana-log $E_2 E_3$, $E_3 E_1$. Nun bestimme man den Winkel $E_1 E_3 E_2$; da dieser $= \frac{1}{2}$ Winkel $E_1 O E_2$ ist, so kann man im Dreiecke $OE_1 E_2$ den Radius $OE_1 = OE_2$ und den Winkel $OE_1 E_2$ berechnen. Damit erhält man den Winkel $OE_1 S =$ Winkel $SE_1 E_2 - OE_1 E_2$, wodurch im Dreiecke $OSE_1$ die beiden Seiten und der eingeschlossene Winkel bekannt sind. Aus dem Dreiecke $OSE_1$ erhält man die Grösse und Richtung der Seite $OS$.

Keppler fand nach diesen Methoden für die Excentrici-tät im Mittel den Werth: $e = 0.01800$, also ungefähr den halben Werth der Entfernung des *punctum aequans* von der Sonne nach dem tychonischen System. Damit war die gleiche Theilung der Excentricität für die Erdbahn nachgewiesen.

Zusatz. Ist die Erdbahn bekannt, so kennt man im Dreiecke $SE_1 E_2$ der Fig. 13 die Seiten $SE_1$, $SE_2$ und den Winkel $E_1 S E_2$. Man kann daher die Seite $E_1 E_2$ und die Winkel bei $E_1$ und $E_2$ rechnen. Da der Winkel $SE_1 N$ der beobachtete Längenunterschied zwischen Mars und

Sonne ist, so ist der Winkel $E_2 E_1 N$, und analog der Winkel $E_1 E_2 N$ bekannt; man kann daher im Dreiecke $E_1 E_2 N$ die Seiten $E_1 N$ und $E_2 N$ berechnen. Man kann nun aus dem Dreiecke $S E_1 N$ oder $S E_2 N$ die Seite $S N$ und die Lage dieser Linie d. i. die Projection der Entfernung von der Sonne und die heliocentrische Länge des Mars bestimmen.

In dem Dreiecke $E_1 M N$ ist der Winkel bei $E_1 =$ der beobachteten Breite, man erhält daher die Distanz $M N$. Aus dieser und der Distanz $S N$ erhält man den Winkel $N S M =$ der heliocentrischen Breite des Mars und die Distanz $S M$ des Planeten von der Sonne.

## 54.

Die Untersuchungen, welche nun Keppler über die Ursache der Planetenbewegungen anstellte, führten ihn zur Entdeckung seines zweiten Gesetzes, welches also der Zeit nach das erste ist.

Die Ursache der Bewegung der Planeten ist die Sonne; die Kraft, welche den Planeten kreisförmig bewegt, nimmt mit der Entfernung ab; denn sie verbreitet sich (ähnlich wie das Licht) auf einen grösseren Raum.

Die Zeit, welche der Planet braucht, um gleiche und unendlich kleine Bögen des excentrischen Kreises zu beschreiben, sind der Entfernung des Planeten von der Sonne proportional[15]); die Summe der Zeiten, in welcher ein endlicher Bogen beschrieben wird, ist also proportional der Summe der Entfernungen d. i. der Fläche, welche der Radius-Vector durchstreift (zweites kepplerisches Gesetz).

Das Gesetz ist richtig, die Ableitung aber falsch, dieselbe gilt nur für die Apsiden, welche Puncte hier Keppler nur berücksichtiget[16]).

Keppler ist sich jedoch des Fehlers, wenn für die Summen der Entfernungen die Flächen gesetzt werden, bewusst; er hält jedoch an der Richtigkeit des zweiten Gesetzes fortwährend fest.

## 55.

Zur Theorie des Planeten Mars zurückgekehrt ermittelte Keppler aus den Beobachtungen des Mars in der Nähe des Perihel und Aphel neue Werthe für die Lage der Apsidenlinie, Perihelzeit, mittlere Entfernung und Excentricität der Marsbahn, — dieselbe noch immer als ein Kreis vorausgesetzt —. Das im vorigen Art. gefundene Gesetz bestimmt die Bewegung des Planeten in der Bahn; man erhält dadurch folgende Methode zur Bestimmung der Mittelpunctsgleichung des excentrischen Kreises:

Fig. 16.

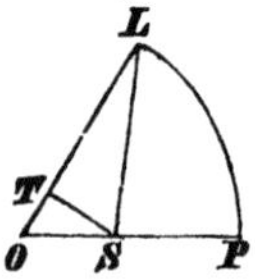

Die Fläche $SPL$ (Fig. 16) ist das Mass der mittleren Anomalie, denn dieselbe ist der Zeit proportional.

Der Winkel $POL = E$ ist die excentrische Anomalie.

Die Fläche des Dreiecks $SLO$ ist das Mass des Ueberschusses der excentrischen Anomalie über die mittlere.

Der Winkel $\varphi = SLO$ d. i. die optische Gleichung ist der Ueberschuss der wahren Anomalie über die excentrische.

Ist $t$ die seit dem Durchgange durch das Perihel verflossene Zeit, $U$ die Umlaufszeit des Planeten, so ist

Fläche $SPL : a^2 \pi = t : U$

Fläche $SPL =$ Fläche $OPL - \triangle OSL$

$$= \tfrac{1}{2} a^2 E - \tfrac{1}{2} a^2 e \sin E,$$

also

$$E - e \sin E = \frac{2 \pi}{U} t = \text{mittlere Anomalie} = \alpha.$$

Projicirt man den Radius-Vector $SL$ auf die Gerade $OL$, so erhält man

$$r \cos \varphi = a - a e \cos E$$
$$r \sin \varphi = \quad a e \sin E,$$

woraus

$$r = (a - a e \cos E) \sec \varphi$$
$$\tan \varphi = \frac{e \sin E}{1 - e \cos E}$$

folgt. Ausserdem ist $v = E + \varphi$.

Aus diesen Gleichungen folgt

$$v = \alpha + 2 e \sin \alpha + \tfrac{5}{4} e^2 \sin 2\alpha + ..$$

Die Differenz: Ellipse — Kreis $= - \tfrac{1}{4} e^2 \sin 2\alpha$*), also im Maximum wieder ungefähr 8', welchen Fehler auch Keppler bei der Vergleichung der tychonischen Beobachtungen fand. Der Fehler ist (bis auf Glieder zweiter Ordnung) von gleicher Grösse aber entgegengesetztem Zeichen, wie bei der Hypothese der gleichen Theilung der Excentricität.

### 56.

Nachdem alle Versuche, unter Voraussetzung des excentrischen Kreises, die Marsbahn aus den beobachteten Längen zu bestimmen, misslungen waren, suchte Keppler vermittelst der Entfernungen des Mars von der Sonne die Figur der Bahn zu bestimmen.

Zu diesem Ende rechnete er drei Distanzen ausser den Oppositionen; die eine nahe am Aphel, die beiden anderen in der Nähe der mittleren Entfernungen. Das Resultat war folgendes:

| aus der Kreishyp. | aus den Beob. |
|---|---|
| berechnete Entfernungen. | |
| 1.66605 | 1.66255 |
| 1.63883 | 1.63100 |
| 1.48539 | 1.47750. |

---

*) Vergl. die Note des Art. 52.

Die Fehler betragen resp. 350, 783, 789 Einheiten der fünften Decimale.

Weil die wahren Distanzen kleiner sind, als die aus der Kreishypothese berechneten, so folgerte Keppler: Die Bahn des Planeten ist kein Kreis, sondern eine Art von Oval, welches sich in den Apsiden an den Kreis anschliesst, gegen die mittleren Entfernungen zu von dem Kreise immer mehr abweicht. Für diese Ovalform gibt sogar Keppler Gründe; die Construction dieser ovalförmigen Curve (mit einem breiteren und einem spitzeren Ende) und die Lösung der Aufgabe: die Grösse der Ovalfläche zu bestimmen, sowie dieselbe in Theile nach gegebenem Verhältnisse zu theilen, machten ihm grosse Schwierigkeiten. Beide Aufgaben wurden nur näherungsweise auf folgende Art gelöst:

1) Die Puncte der Ovallinie werden durch Verbindung der stellvertretenden Hypothese des Art. 52. III. mit der der gleichen Theilung erhalten. Die stellvertretende Hypothese bestimmt die wahre Lage des Radius-Vectors. Beschreibt man aus der Mitte $O$ der ganzen Excentricität $FS$ (der Figur 8 oder 12) mit der mittleren Entfernung als Halbmesser einen Kreis und zieht den Radius $ON$ unter dem Winkel der mittleren Anomalie, so stellt die Distanz $SN$ die wahre Länge des Radius-Vectors dar.

2) Für die Quadrirung und Theilung der Ovale (von der Sonne aus) bediente sich Keppler einer Ellipse, deren grösste Breite des sichelförmigen Randes, den sie vom excentrischen Kreis abschneidet, $0.00858\, a$ beträgt; denn von dieser Grösse war die grösste Breite der durch die Ovallinie abgeschnittenen Sichel.

Als jedoch Keppler die nach der Oval-Hypothese berechneten Distanzen des Mars von der Sonne mit den aus den Beobachtungen erhaltenen verglich, fand er sie zu klein, und zwar in der Nähe der mittleren Entfernung um 660 Einheiten der fünften Stelle. Ebenso hatte sein astronomischer Freund David Fabricius, dem er diese letzteren Untersuchungen mitgetheilt hatte, aus der Vergleichung der berechneten (geocentrischen) Orte mit den Beobachtungen geschlossen, dass die Oval-Hypothese die Distanzen zu kurz gebe. Keppler war jedoch bereits mit der Verbesserung seiner Theorie beschäftigt, als er von Fabricius diese Nachricht erhielt; diese Verbesserung, die ihn schliesslich zur wahren Figur der Marsbahn führte, bot sich ihm auf folgendem Wege dar.

Für den in Art. 55. erwähnten Werth der Excentricität $e = 0.09264$ ist die optische Gleichung $\varphi$, entsprechend der grössten Mittelpuncts-Gleichung, bestimmt durch

$$\text{tang } \varphi = e, \text{ also } \varphi = 5^0 \, 18'.$$

Durch einen glücklichen Zufall gerieth Keppler auf die Secante dieses Winkels $= 1.00429$, welche von der Einheit um 0.00429 abweicht. Ungefähr dieselbe Grösse beträgt in der Nähe der mitteren Entfernungen der Fehler von $\frac{r}{a}$ im excentrischen Kreise. „Setzt man daher in der mittleren Entfernung statt der Secante der optischen Gleichung den Radius, so erhält man den wahren Werth." Dieses für die Anomalien von nahe $= 90^0$ oder $270^0$ gefundene Resultat dehnte Keppler auf alle Puncte der Bahn aus; er schloss ganz allgemein, dass man durch die Multiplication des aus dem excentrischen Kreise erhaltenen Radius-Vectors mit dem Cosinus der optischen Gleichung die wahre Distanz erhält; d. h. dass

$$r = a - ae \cos E$$

ist[17]). Dieses Resultat bestätigt Keppler durch die Vergleichung mit einer Reihe von Distanzen, welche er aus den tychonischen Beobachtungen erhalten hatte.

Nachdem das Gesetz für die Grösse des Radius-Vectors gefunden war, handelte es sich um die Bestimmung der Lage desselben; diese musste so gewählt werden, dass das obige empirisch gefundene Gesetz nicht gestört würde. Dazu bot sich für Keppler zunächst Folgendes dar:

Es sei (Fig. 17) $O$ der Mittelpunkt des excentrischen Kreises, $OS$ die Excentricität. Beschreibt man aus $S$ mit demselben Radius einen Kreis, und aus einem beliebigen Punct $M$ des Umfanges des letztern mit dem Radius $=OS$ einen Epicykel, so schneidet dieser den excentrischen Kreis im Puncte $L$ derart, dass das Viereck $OSML$ ein Parallelogramm ist, wie man unmittelbar ersieht, wenn man die Gerade $SL$ zieht. Ein aus dem Puncte $O$ als Mittelpunct beschriebener excentrischer Kreis kann daher durch einen aus $S$ mit demselben Halbmesser beschriebenen Kreis und einen Epicykel ersetzt werden, wenn der Radius des Epicykels gleich ist der Excentricität.

Fig. 17.

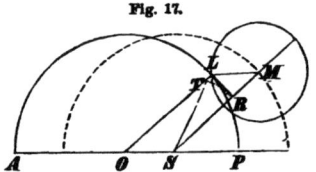

Ist nun $\measuredangle POL = E =$ excentrischen Anomalie — bestimmt nach Art. 55. —, so ist $\measuredangle LMS = E$, also $SR = SM - RM = a - ae \cos E = r$, wenn $LR \perp SM$ ist.

Der Planet hat sich daher seit seinem Perihel in dem zur Sonne gerichteten Durchmesser des Epicykels von seiner anfänglichen Entfernung $p = a - ae$ um die Grösse $q = ae (1 - \cos E)$ entfernt.

Beschreibt man nun aus dem Puncte $S$ mit dem Radius $SR$ einen Kreis, welcher die Gerade $OL$ im Puncte $T$ schneidet, so stellt $ST$ die Grösse und Lage des Radius-Vectors dar.

Als jedoch Keppler diese Bestimmung der Lage mit der stellvertretenden Hypothese verglich, fand er Unterschiede von 4' — 5½'; er war nun selbst bereit das obige Gesetz der Distanzen fallen zu lassen.

Nun kehrte Keppler wieder zur Ellipse zurück, da er sich dieser Linie bereits bei der Oval-Hypothese als Hülfsmittel bedient hatte, er setzte jedoch gemäss den früheren Bestimmungen für die Marsbahn eine Ellipse, deren grösste Breite des sichelförmigen Randes, welchen dieselbe vom excentrischen Kreise abschneidet, 0.00429 $a$ beträgt*).

Keppler beweist nun, dass gerade in der Ellipse, wenn sich im Brennpuncte die Sonne befindet,

$$r = a - ae \cos E$$

ist; die Lage des Radius-Vectors ist dann bestimmt durch

$$r \cos v = a \cos E - ae.$$

Der Fehler der vorigen Lagenbestimmung hatte, wie Keppler selbst bemerkt, seinen Grund darin, dass statt des Durchschnittspunctes der Senkrechten vom Puncte $L$ auf die Apsidenlinie mit dem Kreise $RT$ (d. i. des Punctes der Ellipse) der Punct $T$ als Ort des Planeten genommen wird.

Statt des Verhältnisses der elliptischen Flächen setzt Keppler (genau nach dem in Art. 2. durchgeführten Wege) das entsprechende Verhältniss der Flächen des excentrischen Kreises.

Auf diese Art erhielt Keppler das wichtige Resultat: „Die Bahn des Mars ist eine Ellipse, in deren einem Brennpuncte sich der Mittelpunct der Sonne befindet."

---

*) Für die obige Excentricität beträgt der genaue Werth dieser Breite 0,00431 $a$.

## 57.

Schliesslich beschäftigte sich Keppler mit einer Ver-
besserung der Marselemente, namentlich mit der genaueren
Bestimmung von Knoten und Neigung, welche für die
Darstellung der Breiten von besonderer Wichtigkeit sind.
Trotz aller Sorgfalt konnten letztere nur bis auf 4′—5′
dargestellt werden. Keppler schob diese Unterschiede auf
die Fehler der Beobachtungen, auf die Refraction und
Parallaxe.

Diese beiden Gesetze wandte Keppler auch auf die
übrigen Planeten an, und bestimmte unter Voraussetzung
dieser Gesetze deren Bahnelemente. Auf Grundlage dieser
neuen Elemente und der tychonischen Beobachtungen der
Fixsterne und des Mondes wurden die rudolfinischen
Tafeln (erschienen 1627) berechnet; die ersten astronomischen Tafeln, die sich auf die wahre Planeten-Theorie grün-
deten. Das Bedürfniss nach neuen, richtigeren Tafeln hatte
sich immer mehr gesteigert; denn im Jahre 1625 betrug die
Abweichung des Mars von den prutenischen Tafeln nahe 5⁰.
Den Namen trugen die Tafeln von dem Gönner der Astronomie
Kaiser Rudolf II. (gest. 1612). Der Anfang zu diesen
Tafeln geschah bereits durch Tycho: die theoretischen
Arbeiten Kepplers, die traurigen Verhältnisse des dreissig-
jährigen Kriegs hatten das Erscheinen derselben so lange
verzögert.

## 58.

Durch die Bestimmung der genaueren Bahnelemente
der Planeten aus den tychonischen Beobachtungen wurde
die in Art. 49. angeführte Idee des Geheimnisses des Weltbaues nach den fünf regulären Körpern nicht bestätigt.

Die Aufsuchung des Grundes dieser Abweichung führte Kepplern zur Harmonie der Welt, dargestellt in dessen „*Harmonices mundi*, .. *Lincii, 1619*", in welcher sein drittes Gesetz enthalten ist[18]).

Der Grund dieser Abweichung liegt nun nach Keppler darin, dass durch das Gesetz der fünf regulären Körper nur die Anordnung des Planetensystems im Grossen und Ganzen gegeben ist, während die Bewegung in den einzelnen Intervallen durch die Harmonien der Welt (des Himmels) geregelt ist: wodurch in Folge der Gesammtharmonie gewisse Unterschiede von der Darstellung nach der Idee der fünf Körper eintreten müssen.

Die Harmonien, wodurch die Bewegungen der Planeten im Besonderen bestimmt sind, sind nur in den täglichen heliocentrischen Winkelbewegungen ausgedrückt; — in den täglichen Wegstücken desshalb nicht, weil diese den Entfernungen umgekehrt proportional sind, und letztere den fünf Körpern und nicht den Harmonien angepasst sind.

Man kann die täglichen Winkelbewegungen gleichsam als Töne betrachten, deren Schwingungszahl gleich ist der Anzahl der Secunden der Winkelbewegung. Aendert sich daher die tägliche Winkelbewegung, so ändert sich der Ton; der Planet wird daher bei seiner Bewegung ein gewisses Tonintervall durchlaufen.

Die täglichen Winkelbewegungen ändern sich mit den Entfernungen des Planeten von der Sonne, sind nämlich $w$, $w'$ die täglichen Winkelbewegungen für die Zeiten $t$, $t'$; die zugehörigen Entfernungen $r$, $r'$; so ist nach dem zweiten keppler'schen Gesetze

$$r^2 . w = r'^2 w',$$

wenn die Grössen $r$, $r'$; $w$, $w'$ innerhalb eines Tages als constant angesehen werden. Daraus folgt

$$r : r' = \sqrt{w'} : \sqrt{w}$$

Aus dem Verhältnisse der grössten und kleinsten täglichen Winkelbewegung kann man das Verhältniss der kleinsten und grössten Entfernungen bestimmen, und damit erhält man die Excentricität $=$

$$\frac{r' - r}{r' + r} = \frac{1 - r : r'}{1 + r : r'},$$

wo $r$ die kleinste und $r'$ die grösste Entfernung bedeutet.

## 59.

Die Harmonien sind nach Keppler in der Planetenbewegung in folgender Weise ausgedrückt:

1) Sind die Verhältnisse der langsamsten Bewegung eines Planeten zu seiner schnellsten, d. h. das Intervall seines tiefsten Tones zum höchsten, kleine Unreinheiten abgesehen, bei den Planeten mit Ausnahme von Erde und Venus harmonisch.

Denn aus den tychonischen Beobachtungen ergeben sich nahezu folgende Verhältnisse:

Für Saturn $\frac{4}{5} =$ grosse Terz, für Jupiter $\frac{5}{6} =$ kleine Terz; für Mars $\frac{2}{3} =$ Quinte, für Erde $\frac{15}{16} =$ Halbton, für Venus $\frac{24}{25} =$ Diesis, für Merkur $\frac{5}{12} =$ Octave mit kleiner Terz.

2) Sind auch die Extreme der täglichen Bewegung je zweier Planeten harmonisch. Diese Vergleichung kann auf doppelte Weise durchgeführt werden.

a) Man bestimmt das Intervall der langsamsten Bewegung eines oberen Planeten zur schnellsten des nächst unteren „divergirendes Intervall".

b) Man bestimmt das Intervall der schnellsten Bewegung des oberen Planeten zur langsamsten des nächst unteren „convergirendes Intervall".

Für beide Arten von Intervallen erhält man wieder aus den tychonischen Beobachtungen nahezu harmonische Zahlen; dadurch ist es möglich, dass sämmtliche Planeten zusammenklingen.

Durch die Harmonien in 1) ist, wie im vorigen Art. erwähnt wurde, die Excentricität, und durch diese die Form der Bahn bestimmt. Ebenso lässt sich aus dem Intervalle des Tones, welches ein Planet bei seiner Bewegung durchläuft, das Verhältniss seiner Entfernungen $r : r' = \sqrt{w' : w}$ bestimmen; man kann daher auch die Entfernung $r$ in Theilen einer bestimmten $r'$, etwa gleich der mittleren, angeben. Sind daher die Verhältnisse der mittleren Entfernungen der Planeten zu irgend einer mittleren bekannt, so kann man die Entfernung $r$ in Theilen dieser mittleren Entfernung angeben.

Aus den fünf regulären Körpern lassen sich die genauen Werthe der Verhältnisse der mittleren Entfernungen nicht bestimmen, die wahren Werthe folgen aus den Harmonien: es müssen sich daher aus den mittleren täglichen Winkelbewegungen der Planeten, welche zu den mittleren Entfernungen gehören, diese Verhältnisse bestimmen lassen. Dazu ist nöthig, dass das Gesetz zwischen den mittleren täglichen Winkelbewegungen (oder Umlaufszeiten) und den mittleren Entfernungen bekannt ist.

Diese Untersuchung führte nun Keppler zur Entdeckung seines dritten Gesetzes. Es war eine glückliche Idee, die ihn bestimmte, die verschiedenen Potenzen der Umlaufszeiten und mittleren Entfernungen mit einander zu vergleichen. Keppler spricht das gefundene Gesetz im 3. Kapitel des fünften Buches der Harmonien folgendermassen aus: „Es ist ganz gewiss, dass das Verhältniss der periodischen Umlaufszeiten genau

das ein- und einhalbfache\*) des Verhältnisses der mittleren Entfernungen der Planeten d. i. der Planetensphären
selbst ist."

## 60.

Durch Umkehrung der gefundenen Resultate erhält
Keppler folgendes Axiom: Die Weltaccorde und die Harmonien sind der Zweck des Weltschöpfers, die Grösse
(bestimmt durch die fünf regulären Körper) und die Form
(bestimmt durch die Excentricitäten) der Bahnen sind das
Mittel dazu.

Diese ganze Untersuchung Kepplers bezweckte eine
theoretische Bestimmung der Bahnelemente der Planeten;
von diesen waren für ihn die auf die Lage der Bahn und
die Epoche bezüglichen Elemente durch den Zufall, die
auf die Grösse und Form bezüglichen durch die Harmonien
bestimmt. Diese Idee wird in folgender Weise verwirklicht:

Für einen einzelnen Planeten findet die Harmonie in
den Puncten seiner Apsidenlinie statt; damit eine Gesammtharmonie möglich ist, durften für die einzelnen Planeten
nur solche Harmonien gewählt werden, welche den fünf
Körpern angepasst sind, d. h. es mussten den Planeten
bestimmte mittlere Bewegungen zugetheilt werden; diese
hängen daher von den mittleren Entfernungen ab. Umgekehrt können aus dem Gesetze der Harmonien die mittleren Entfernungen und Excentricitäten bestimmt werden[19]).

---

\*) Aelterer Ausdruck für die $1\frac{1}{2}^{te}$ Potenz eines Verhältnisses.

# Dritter Abschnitt.

### Zum Problem der Bahnbestimmung.

### 61.

Wie bereits im Art. 57. erwähnt wurde, verdankt man Kepplern die erste genauere Bestimmung der Bahnelemente der Erde und der fünf grösseren Planeten. Diese Bestimmung war, nach der Erkenntniss der wahren Bewegungsgesetze, insofern von keiner grossen Schwierigkeit, da man mit Zuziehung der ältesten Beobachtungen genaue Werthe für die mittleren täglichen Bewegungen erhielt, und anderseits für die übrigen Elemente aus dem reichen Schatze der tychonischen Beobachtungen die zur Bestimmung eines jeden Elementes passendsten Beobachtungen ausgewählt werden konnten. Selbst die Entdeckung des Planeten Uranus (im Jahre 1781 durch W. Herschel) förderte das Problem der Bahnbestimmung der Planeten nicht weiter, da man vermöge der Kleinheit der Excentricität und der Neigung der Bahn durch die Voraussetzung einer kreisförmigen Bahn, deren Ebene mit der Ecliptik zusammenfällt, bereits hinreichend genäherte Elemente erhielt.

Man kann nämlich in diesem Falle aus zwei beobachteten Längen die Elemente: mittlere Entfernung und Epoche bestimmen.

Es seien (Fig. 18)
$L_1$, $L_2$ die Orte des Planeten,
$E_1$, $E_2$ die zugehörigen Orte der Erde,
S die Sonne.

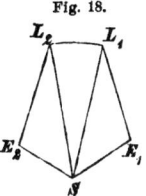

Fig. 18.

Ist $t$ die Zwischenzeit der beiden Beobachtungen, so ist die zugehörige mittlere Bewegung

$$= \frac{k\,t}{a^{\frac{3}{2}}} = \measuredangle\, L_1\, S\, L_2,$$

wo $a = S\, L_1 = S\, L_2$ die mittlere Entfernung bedeutet.

Aus den Dreiecken $S\,E_1\,L_1$, $S\,E_2\,L_2$ folgt, wenn $S\,E_1 = R_1$, $\measuredangle\,E_1\,L_1\,S = L_1$, $\measuredangle\,L_1\,E_1\,S = E_1$, u. s. w. und $\measuredangle\,E_1\,S\,E_2 = S$ gesetzt wird,

(1)     $\sin L_1 = \frac{R_1 \sin E_1}{a}$,     $\sin L_2 = \frac{R_2 \sin E_2}{a}$;

(2)     $\frac{k\,t}{a^{\frac{3}{2}}} = S + E_1 + E_2 + L_1 + L_2 - 360^0.$

Man muss nun die Grösse $a$ so bestimmen, dass den Gleichungen (1) und (2) genügt wird.

Für den Planeten Uranus wird diese Lösung dadurch vereinfacht, dass $a$ gegen $R_1$ oder $R_2$ sehr gross ist; man kann daher in (1) statt der Sinusse die Bögen setzen, und erhält dadurch

$$L_1 = \frac{R_1 \sin E_1}{a \sin 1''}, \qquad L_2 = \frac{R_2 \sin E_2}{a \sin 1''}.$$

$$\frac{k\,t}{a^{\frac{3}{2}}} = S + E_1 + E_2 - 360^0 + \frac{R_1 \sin E_1 + R_2 \sin E_2}{a \sin 1''},$$

oder, wenn

$$S + E_1 + E_2 - 360^0 = \alpha, \; \frac{R_1 \sin E_1}{\sin 1''} + \frac{R_2 \sin E_2}{\sin 1''} = \beta, \; a^{\frac{1}{2}} = x,$$

wobei $\alpha$ und $k$ in Secunden auszudrücken ist, gesetzt wird,

$$\alpha\, x^3 + \beta\, x = k\, t.$$

Vermittelst der *regula falsi* kann man diesen erhaltenen Werth $x$ derart verbessern, dass er den Gleichungen (1) und (2) vollkommen genügt.

Ist $a$ gefunden, so erhält man die Epoche aus dem Winkel $E_1\, S\, L_1$ oder $E_2\, S\, L_2$.

Die genauere Bahnbestimmung konnte man bis dahin aufschieben, wo man aus den häufigeren und entfernteren

Beobachtungen die passendsten auswählen konnte. Diese
Bestimmung wurde ausserdem durch das Auffinden älterer
Beobachtungen des Uranus erleichtert.

## 62.

Ungleich grössere Schwierigkeiten verursachte die Bahnbestimmung des ersten Asteroiden Ceres. Dieser Planet
wurde am 1. Januar 1801 von Piazzi in Palermo bei der
Beobachtung von Fixsternen entdeckt und bis zum 11. Fe-
bruar beobachtet. Hier handelte es sich zum ersten Male
um die Lösung der Aufgabe: „Die Bahn eines Himmelskörpers aus Beobachtungen, die keinen grossen Zeitraum
umfassen, ohne jede hypothetische Voraussetzung zu bestimmen."

Carl Friedrich Gauss (geb. 1777, gest. 1855), der
sich bereits vor der Entdeckung der Ceres mit dem eben
genannten Problem beschäftigt hatte, bestimmte nun für
die Ceres eine Bahn, welche die ganze Reihe der piazzi-
schen Beobachtungen (andere waren nicht vorhanden) höchst
befriedigend darstellte. Die erste heitere Nacht der nächsten
Erscheinung, in der man den Planeten suchte, gab denselben an dem berechneten Orte.

Aus den ursprünglichen Methoden, welche Gauss zur
Berechnung der Ceresbahn angewandt hatte, entwickelte
sich in Folge fortgesetzter Untersuchungen dessen „theoria
motus corporum coelestium in sectionibus conicis solem ambientium."

## 63.

Nicht geringer waren die Schwierigkeiten, welche sich
vor der Aufstellung der Olbers'schen Methode der Bahnbestimmung der Kometen entgegenstellten. Trotz des Um-
standes, dass man bei den Kometenbahnen (mindestens in

erster Annäherung) mit der Parabel ausreicht — also ein Element weniger zu bestimmen hat —, so verursachte doch wieder der Umstand, dass man, wegen der kurzen Sichtbarkeit dieser Himmelskörper, sich die Beobachtungen nicht willkürlich auswählen konnte, sondern diejenigen benutzen musste, welche der Zufall darbot, dass man hier zu der unmittelbaren Lösung des Problems „eine parabolische Bahn zu bestimmen" gedrängt wurde.

Die erste Lösung des eben genannten Problems gab Newton, wodurch man jedoch erst (auf dem Wege der Construction) nach ziemlich mühsamen und zahlreichen Versuchen die gesuchten Elemente erhält. Die directe analytische Lösung würde zu ganz unauflösbaren Gleichungen führen; man zog es daher vor auf indirectem Wege die Aufgabe analytisch zu lösen. La Caille bediente sich des Verfahrens für drei Beobachtungen durch Versuche die beiden äussersten Distanzen des Kometen von der Erde derart zu bestimmen, dass der mittleren Beobachtung durch die daraus erhaltenen Elemente genügt wird. Das ziemlich mühsame Verfahren der Bestimmung zweier Unbekannten suchten Boscovich, Lambert, Euler durch Voraussetzungen über die Bewegung des Kometen zu vereinfachen: 1) dass das Stück der Kometenbahn zwischen den äussersten Bewegungen geradlinig sei und vom Kometen gleichförmig durchlaufen werde; 2) dass die Sehne vom mittleren Radius-Vector im Verhältnisse der Zeiten geschnitten werde[20]). Durch diese Voraussetzungen wurde allerdings die Aufgabe auf die Auflösung einer Gleichung mit einer Unbekannten zurückgeführt; allein entweder waren die erhaltenen Elemente zu ungenau oder die Lösung dieser Gleichung noch immer sehr schwierig. Selbst die vollkommeneren Lösungen von La Grange und

La Place erforderten so mühsame Rechnungen, so dass
für die praktische Durchführung wenig gewonnen war.
Erst durch Wilhelm Olbers (geb. 1758, gest. 1840) wurde
vermittelst der in Art. 20. erwähnten Voraussetzungen jene
Lösung der Aufgabe gegeben, welche in theoretischer und
praktischer Hinsicht jeder Forderung genügte, und die bis
jetzt noch nicht durch eine vollkommenere Methode ver-
drängt wurde.

# Anhang.

1) S. 5. Um einen in Theilen des Halbmessers gegebenen Winkel $= x$ in Graden $= x^0$ auszudrücken, verfährt man auf folgende Art:

$$x : x^0 = 2\pi : 360^0$$

also $x = \dfrac{2\pi}{360} \cdot x^0 = \dfrac{2\pi}{360.60} \cdot x' = \dfrac{2\pi}{360.60^2} \cdot x''$, wo $x^0$, $x'$, $x''$ der Winkel ist, resp. in Graden, Minuten, Secunden ausgedrückt. $\dfrac{2\pi}{360.60^2}$ ist der in Theilen des Halbmessers ausgedrückte Bogen für den Centriwinkel $= 1''$, dieser Bogen ist sehr nahe $= \sin 1''$. Es ist daher

$$x = x'' \cdot \sin 1'', \quad x'' = x : \sin 1'' = 206264.81 \, x.$$

In der Gleichung $M = E - e \sin E$ sind $M$ und $E$ in Theilen des Halbmessers ausgedrückt. Um diese Gleichung auf das Gradmass zu beziehen, denke man sich $M$ und $E$ in Secunden beibehalten und $e$ in Secunden ausgedrückt, was durch Multiplication mit der Zahl 206264.81 geschieht. Um $M$ unmittelbar in Secunden zu erhalten, braucht man nur in dem Ausdrucke für $M = \dfrac{k\sqrt{1+m}}{a^{\frac{3}{2}}}\, t$ die Zahl $k$ in Secunden auszudrücken, wodurch man

$$k = 3548''.18761, \quad \log k = 3.5500066$$

erhält.

2) S. 6. *Regula falsi.* Ist $X = 0$ eine Gleichung zur Bestimmung der Unbekannten $x$, $w$ eine bestimmte Wurzel, $a$, $a'$ zwei Näherungswerthe von $w$; so sei für

$$x = w \qquad X = 0$$
$$x = a \qquad X = A$$
$$x = a' \qquad X = A'.$$

Sind $a - w$, $a' - w$ klein, so gilt näherungsweise

$$a - w : a' - w = A : A'$$

woraus

(1) $$w = a - \frac{A(a - a')}{A - A'} = a' - \frac{A'(a' - a)}{A' - A}$$

folgt. Es ist vortheilhaft, die Näherungen $a$ und $a'$ so zu wählen, dass die Wurzel $w$ zwischen dieselben fällt.

In der Anwendung findet häufig der Fall Statt, dass

$$X = c + f(x) - x$$

ist, wo $f(x)$ die Unbekannte $x$ enthält, dabei aber klein ist und für geringe Aenderungen von $x$ sich wenig ändert. In diesem Falle ist es zweckmässig das obige Verfahren etwas zu modificiren.

Sind nämlich $a$ und $a'$ zwei Näherungswerthe von $w$, so sind

$$\alpha = c + f(a), \quad \alpha' = c + f(a')$$

zwei genauere Werthe von $w$, und $A = \alpha - a$, $A' = \alpha' - a'$ die Fehler.

Aus $\quad a - w : a' - w = \alpha - a : \alpha' - a' \quad$ folgt

$$\alpha - w : \alpha' - w = \alpha - a : \alpha' - a',$$

und daraus folgt

(2) $$w = \alpha - \frac{A(\alpha - \alpha')}{A - A'} = \alpha' - \frac{A'(\alpha' - \alpha)}{A' - A}.$$

Für $a'$ nimmt man in diesem Falle gewöhnlich die Grösse $\alpha$, dann ist $A = \alpha - a$, $A' = \alpha' - \alpha$ und

(3) $$w = \alpha' - \frac{(\alpha' - \alpha)^2}{\alpha' - \alpha - (\alpha - a)}.$$

3) S. 13. Ist $h$ klein, so lässt sich die positive Wurzel $y$ der kubischen Gleichung $\gamma$ durch folgende Reihe darstellen

$$y = 1 + \tfrac{10}{9} h - \tfrac{110}{81} h^2 + \tfrac{2410}{729} h^3,$$

$$\log y = [9.683542]\, h - [9.93341]\, h^2 + [0.3281]\, h^3,$$

wo die eingeklammerten Zahlen Logarithmen sind. Für grössere Werthe von $h$, etwa von $0.02$ an, kann man sich nach dieser Reihe Näherungswerthe von $y$ verschaffen, und dann vermittelst der *regula falsi* den genauen Werth aus der kubischen Gleichung bestimmen.

4) S. 35. Ist $U = u + u'$, $V = v + v'$, wo $u$ und $v$ Näherungswerthe von $U$, $V$ sind, also $u'$, $v'$ deren Fehler; so ist der Fehler

$$UV - uv = uv' + vu' + u'v' \text{ nahe} = uv' + vu',$$

wenn man das sehr kleine Product $u'v'$ der Fehler vernachlässigt. Wendet man diesen Satz auf

$$UV = \frac{bn + dn''}{n + n'} \cdot \frac{n + n''}{n'}$$

an, so ist $U = \dfrac{bn + dn''}{n + n'}$ eine kleine Grösse der — 2ten Ordnung, der Fehler $v'$ eine Grösse der vierten Ordnung, also $uv'$ eine kleine Grösse der zweiten Ordnung. $V = \dfrac{n + n''}{n'}$ ist von der nullten Ordnung, der Fehler $u'$ von der ersten Ordnung, also das Product $vu'$ von der ersten Ordnung. Der Fehler von $UV$ ist daher von der ersten Ordnung, da die Summe von kleinen Grössen erster und zweiter Ordnung eine Grösse erster Ordnung ist.

Für die Bahnbestimmung ist es nun sehr vortheilhaft, wenn die Zwischenzeiten zwischen der ersten und zweiten, und der zweiten und dritten Beobachtung nahezu gleich sind. Denn aus dem in 3) gegebenen Ausdrucke für $y$ folgt

$$y = 1 + \tfrac{10}{9} h - \ldots, \qquad y'' = 1 + \tfrac{10}{9} h'' - \ldots,$$

$$h = \frac{m^2}{\frac{4}{9} + l}, \qquad h'' = \frac{m''^2}{\frac{4}{9} + l''}.$$

Für $t = t''$ ist $m$ nahezu $= m''$, $l$ und $l''$ sind ohnedies verschwindend, also $h$ näherungsweise $= h''$. Der Unterschied $y - y''$ ist dann eine Grösse der dritten oder noch höheren Ordnung, also der Fehler $u'$ von der zweiten Ordnung; von derselben Ordnung ist dann auch der Fehler von $UV$.

5) S. 49. Directe und retrograde Bewegung. Statt die Neigung der Bahn nach Gauss von 0 bis 180⁰ zu zählen, zählt man dieselbe auch von 0 bis 90⁰ und unterscheidet zwischen directer und retrograder Bewegung. Ist die Neigung der Bahn grösser als 90⁰, so nimmt man das Supplement der Neigung, fügt aber hinzu, dass die Bewegung retrograde sei, während man sie in dem andern Falle (wo $i < 90^0$ ist) directe nennt. In diesem Falle werden die Längen in der Bahn von einem Puncte $\gamma'$ (Fig. 19) gezählt, welcher in der Richtung der Bewegung des Himmelskörpers ebenso weit entfernt ist, wie der aufsteigende Knoten vom Frühlingsäquinoctium.

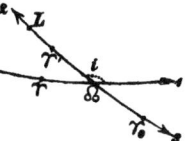

Fig. 19.

Die Längen in der Bahn werden in einer der Bewegung entgegengesetzten Richtung gezählt*). Ist nun $\gamma_0$ der fictive Frühlingspunct in der Bahn nach der Gauss'schen, $\gamma'$ der fictive Frühlingspunct nach der älteren (gewöhnlichen) Zählung; bedeuten $i$, $\Omega$, $\Lambda$ Neigung, Länge des Knotens, Länge in der Bahn nach der Gauss'schen, $i'$, $\Omega'$, $\Lambda'$ dieselben Grössen nach der älteren Zählung; so findet folgender Zusammenhang statt

$$i + i' = 180^0, \quad \Omega = \Omega', \quad \Lambda + \Lambda' = 2\,\Omega.$$

---

*) In der Fig. 19 bedeutet: Pfeil 1 die Richtung der Bewegung der Erde, Pfeil 2 die Richtung der Bewegung des Himmelskörpers, Pfeil 3 die Richtung der Zählung nach der älteren (gewöhnlichen) Methode.

Für die Längen des Perihels hat man daher $\Pi + \Pi'$ $= 2\,\Omega$. Ist $u$ das Argument der Breite, d. i. die Entfernung des Himmelskörpers vom Knoten, $v$ die wahre Anomalie, d. i. die Entfernung vom Perihel, beide Grössen in der Richtung der Bewegung gezählt, so ist

$$u = \Omega' - A' = A - \Omega, \quad v = \Pi' - A' = A - \Pi.$$

Für das in Art. 21. gegebene Beispiel hat man $i' = 81^0\ 1'\ 3''$, $\Pi' = 197^0\ 37'\ 51''$, muss aber den Zusatz machen „Bewegung retrograde“.

6) S. 81. **Methode der kleinsten Quadrate.** Es seien aus den $n$ Gleichungen

$$v_1 = m_1 + a_1 x + b_1 y + c_1 z = 0$$
$$v_2 = m_2 + a_2 x + b_2 y + c_2 z = 0$$

$$\cdot$$
$$\cdot$$

$$v_n = m_n + a_n x + b_n y + c_n z = 0,$$

wo $m_1, m_2, \ldots m_n$ durch Beobachtung erhalten werden, die Unbekannten $x, y, z$ (deren Anzahl der Einfachheit halber gleich drei gesetzt wurde) zu bestimmen.

Wären die beobachteten Grössen $m_1, m_2, \ldots m_n$ vollkommen genau, so könnte man aus dreien dieser Gleichungen die Unbekannten $x, y, z$ bestimmen; die übrigen $n - 3$ Gleichungen werden für diese Werthe der Unbekannten vollkommen erfüllt. Wegen der unvermeidlichen Beobachtungsfehler werden die Grössen $m_1, m_2, \ldots m_n$ nicht vollkommen genau sein, es kann daher durch ein System von Werthen $x, y, z$ nicht sämmtlichen obigen Gleichungen genügt werden.

In diesem Falle bestimmt man die Unbekannten derart, dass allen Gleichungen möglichst genügt wird; man erreicht dieses, indem man die Summe

$$S = v_1{}^2 + v_2{}^2 + \ldots + v_n{}^2$$

zu einem Minimum macht. Dazu ist erforderlich, dass

$$\frac{dS}{dx} = 0, \qquad \frac{dS}{dy} = 0, \qquad \frac{dS}{dz} = 0$$

wird, welche Gleichungen entwickelt geben

$$[aa]\,x + [ab]\,y + [ac]\,z + [am] = 0$$
$$[ab]\,x + [bb]\,y + [bc]\,z + [bm] = 0$$
$$[ac]\,x + [bc]\,y + [cc]\,z + [cm] = 0,$$

wo $\quad [aa] = a_1 a_1 + a_2 a_2 + \ldots + a_n a_n$

$\quad\quad [ab] = a_1 b_1 + a_2 b_2 + \ldots + a_n b_n$  u. s. w. ist.

Auf dieselbe Weise verfährt man, wenn mehr als drei Unbekannte vorhanden sind.

Im Vorigen wurde die stillschweigende Voraussetzung gemacht, dass alle (beobachtete) Grössen $m_1$, $m_2$, .. $m_n$ von gleicher Genauigkeit sind. Ist jedoch eine Beobachtung von grösserer Genauigkeit, so sagt man: „die Beobachtung hat ein grösseres Gewicht". Um diesen Umstand in Rechnung zu ziehen, kann man sich die zugehörige Gleichung so oft angesetzt denken, als ihr grösseres Gewicht beträgt.

Sind daher (auf irgend eine Einheit bezogen)

$$p_1, p_2, \ldots p_n$$

die Gewichte der Beobachtungen

$$m_1, m_2, \ldots m_n,$$

so mache man die Summe

$$S = p_1 v_1{}^2 + p_2 v_2{}^2 + \ldots + p_n v_n{}^2$$

zu einem Minimum.

Da die Unbekannten aus der Bedingung, dass die Summe $S$ der Quadrate der Fehler $v_1$, $v_2$, .. $v_n$ ein Minimum wird, bestimmt werden, so heisst diese Bestimmung „Methode der kleinsten Quadrate".

Für eine Unbekannte ist

$$[paa]\,x + [pam] = 0.$$

Ist $a_1 = a_2 = \,. . = a_n = -1$, sind ferner die Gewichte aller Beobachtungen gleich, so ist

$$x = \frac{m_1 + m_2 + \,.. + m_n}{n},$$

d. i. das arithmetische Mittel.

7) S. 83. Die Beschleunigung, die eine Centralkraft auf einen Punct, welcher vermöge derselben in der Zeit $U$ einen Kreis vom Halbmesser $a$ beschreibt, ausübt, ist ausgedrückt durch

$$f = \frac{4\,\pi^2\,a}{U^2}.$$

Ist die Centralkraft die Sonne, $M$ deren Masse, so ist nach dem allgemeinen Anziehungsgesetze

$$f = \frac{M}{a^2}.$$

Für $a = 1$, wird

$$f = M = \frac{4\,\pi^2}{U^2} = k^2,$$

wo $k$ die Constante der *theoria motus* bedeutet. Vergl. Art. 2.

8) S. 92. Setzt man $f(x)$ in der Form voraus

$$f(x) = \alpha + \beta\,\frac{v}{w} + \gamma\left(\frac{v}{w}\right)^2 + \delta\left(\frac{v}{w}\right)^3 + \varepsilon\left(\frac{v}{w}\right)^4,$$

wo $x = a + nw + v$ ist, so erhält man durch passende Bestimmung von $\alpha, \,.. \varepsilon$ für

$$\frac{v}{w} = -2, -1, 0, +1, +2$$

die Werthe

$$f(a + \overline{n-2}\,.\,w), \quad f(a + \overline{n-1}\,.\,w), \quad f(a + nw),$$
$$f(a + \overline{n+1}\,.\,w), \quad f(a + \overline{n+2}\,.\,w)$$

und alle in der Nähe von $a + nw$ liegenden Functionswerthe, wenn man $f(x)$ als das allgemeine Glied einer arithmetischen Reihe vierter Ordnung betrachten kann. Aus den fünf Werthen folgt

$$\alpha = f(a + nw)$$
$$\beta = \tfrac{1}{2}\,(f'(a + \overline{n+\tfrac{1}{2}}\,.\,w) + f'(a + \overline{n-\tfrac{1}{2}}\,.\,w))$$
$$\qquad - \tfrac{1}{12}\,(f'''(a + \overline{n+\tfrac{1}{2}}\,.\,w) + f'''(a + \overline{n-\tfrac{1}{2}}\,.\,w))$$
$$\gamma = \tfrac{1}{2}\,f''(a + nw) - \tfrac{1}{24}\,f^{IV}(a + nw)$$
$$\delta = \tfrac{1}{12}\,(f'''(a + \overline{n+\tfrac{1}{2}}\,.\,w) + f'''(a + \overline{n-\tfrac{1}{2}}\,.\,w))$$
$$\varepsilon = f^{IV}(a + nw).$$

Die weitere Entwicklung ist so wie in Art. 38.

Aus den Functionswerthen kann man auch die Werthe der Differentialquotienten bestimmen.

Denn es ist

$$\frac{df(x)}{dx} = \beta\,\frac{1}{w} + \gamma\,\frac{2v}{w^2} + \delta\,\frac{3v^2}{w^3} + \varepsilon\,\frac{4v^3}{w^4}.$$

Für $v = 0$, d. h. für $x = a + nw$, soll der Differentialquotient mit $f_0'(a + nw)$ bezeichnet werden. Es ist daher

$$w\,f_0'(a+nw) = \tfrac{1}{2}\,(f'(a + \overline{n+\tfrac{1}{2}}\,.\,w) + f'(a + \overline{n-\tfrac{1}{2}}\,.\,w))$$
$$\qquad - \tfrac{1}{12}\,(f'''(a + \overline{n+\tfrac{1}{2}}\,.\,w) + f'''(a + \overline{n-\tfrac{1}{2}}\,.\,w)),$$

und ebenso

$$w^2\,f_0''(a + nw) = f''(a + nw) - \tfrac{1}{12}\,f^{IV}(a + nw), \text{ u. s. w.}$$

9) S. 100. Aus diesen Grundsätzen entwickelte sich die sogenannte Sphärentheorie. Die Weltsphäre wird in neun concentrische Sphären getheilt, in den ersten sieben befanden sich die Planeten, Mond, Sonne, Merkur u. s. w. in der achten waren die Fixsterne, die neunte, das *primum mobile*, umschloss die übrigen und ertheilte ihnen die zur Darstellung der Erscheinung nöthigen Bewegungen. Der Widerspruch der festen Sphären mit der epicyklischen Bewegung der Planeten wurde erst durch Peurbach (1423—1461) dadurch gelöst, dass er den Sphären eine solche Dicke gab, dass der Planet mit sammt seinem Epicykel zwischen der äusseren und inneren Fläche eingeschlossen war. Durch Tycho, welcher die Kometen als

kosmische Körper erkannte, wurde die Ansicht der festen Sphären zerstört.

10) S. 106. Der Unterschied zwischen der Länge in der Bahn und der heliocentrischen Länge, d. i. die Grösse $u - (l - \Omega)$ heisst die Reduction auf die Ecliptik.

Aus

$$\tang u = \frac{\tang (l - \Omega)}{\cos i}$$

folgt nach 2) des Art. 44. wegen der Kleinheit von $i$

$$u - (l - \Omega) = \frac{\tang \frac{1}{2} i^2}{\sin 1''} \cdot \sin 2 (l - \Omega).$$

Das Maximum $= \frac{\tang \frac{1}{2} i^2}{\sin 1''}$ beträgt für den Planeten Mars $52''.8$. Keppler findet die Reduction kleiner als $1'$.

Die alten Astronomen vernachlässigten die Reduction und rechneten die Länge so, als ob die Bewegung des Planeten in der Ecliptik geschehe.

11) S. 108. Bestimmung der Bahnelemente der oberen Planeten nach Cl. Ptolemäus.

Für die Elemente des excentrischen Kreises d. i. der Excentricität und der Lage der Apsidenlinie dienen die Längen zur Zeit der Opposition.

Gegeben sind: Drei wahre Längen zur Zeit der Opposition und die zugehörigen mittleren Bewegungen.

1) Unter der Voraussetzung der „einfachen Excentricität."

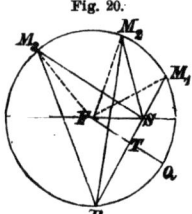

Fig. 20.

Es seien (Fig. 20) $M_1$, $M_2$, $M_3$ drei Orte eines oberen Planeten im excentrischen Kreise, der Mittelpunct $F$ das *punctum aequans*.

Die Winkel $M_1 S M_2$, $M_2 S M_3$ sind die wahren Bewegungen von der ersten zur zweiten, zweiten zur dritten Beob-

achtung, während die Winkel $M_1 F M_2$, $M_2 F M_3$ die zugehörigen mittleren Bewegungen sind.

Setzt man $a = 1$, und verlängert man $S M_1$ bis zum
Puncte $R$ und zieht $R M_2$, $R M_3$, so kann man aus den
Dreiecken $S R M_2$, $S R M_3$ die Seiten $R M_2$, $R M_3$ durch $R S$
und damit $\not< R M_2 M_3$ bestimmen. Dadurch wird der Bogen
$M_1 Q R$ und damit $R T$ und $F T$, wo $T$ die Mitte von $M_1 R$
ist, bekannt. Bestimmt man ausserdem $R S$ aus $R M_2$ oder
$R M_3$, so erhält man $S T = R S - R T$, und damit $F S$ und
$\not< F S T$; wodurch die Excentricität und die Lage der
Apsidenlinie bekannt ist.

2) Für die „gleiche Theilung der Excentricität" kann
man in erster Annäherung die Elemente nach 1) bestimmen.

Man bezeichne mit $M$ den Durchschnittspunct des
Aequanten mit der Geraden $F L$ der Fig. 8, so kann man
aus den genäherten Elementen den Winkel $L S M$ bestimmen.
Diese Rechnung wird für jeden der drei Orte durchgeführt,
dadurch erhält man den Fall 1).

Nach dieser Methode findet Ptolemäus für den Planeten
Mars $\qquad e = 0.10$, $\Pi = 295^0\ 30'$.

Das Verhältniss des Radius des Epicykels zum Radius
des Excenters wird durch eine Beobachtung ausserhalb der
Opposition bestimmt.

12) S. 109. Die Rechnung für die Bestimmung des
Punctes $L$ stellt sich so: Man bestimmt die Sehne $O C$,
hierauf im Dreiecke $C O L$, in welchem $\not< C O L = 90^0 + 2\alpha$
ist, die Seite $O L$ und schliesslich im Dreiecke $O S L$ die
$S L = r$ und $\not< O S L = 180^0 - v$.

13) S. 122. Diese Bedingungen sind in der That hinreichend. Denn wird der Gleichung 1) genügt, so liegen
die vier Puncte $M_1, \ .. \ M_4$ in einem Kreise. Wird der
Gleichung 2) genügt, so liegen die Puncte $F$, $O$, $S$ in einer

Geraden, wo $O$ der Mittelpunct des Kreises ist. Der Winkel $O M_1 S$ kann nämlich doppelt gerechnet werden, zunächst aus

$$O M_1 S = O M_1 M_4 - S M_1 M_4$$

und aus $O' M_1$, $S M_1$ und $O' S M_1 = 180° - P S M_1$, wo $O'$ der Durchschnittspunct der Geraden $M_1 O$ mit der Geraden $F S$ ist. Ist nun der Punct $O'$ mit dem Punct $O$ identisch, so müssen die beiden Werthe von $O M_1 S$ übereinstimmen, wenn man $O' M_1 =$ Radius des Kreises setzt. Da im Kreisviereck $M_1 \ldots M_4$ nun $O M_1 = O M_4 =$ dem Radius ist, so ist $O$ der Mittelpunct desselben.

14) S. 123. Diese Rechnung ist bei Keppler so geführt: Die heliocentrische Breite folgt aus

$$\sin b = \sin i \sin u.$$

a) Ist der Planet mit der Sonne in Opposition, so ist

$$r = \frac{R \sin \beta}{\sin (\beta - b)}.$$

b) Für Beobachtungen ausserhalb der Opposition, erhält man $r$ aus

$$r \cos b \sin (l - \lambda) = R \sin (L - \lambda).$$

Für $R$ nimmt Keppler einmal den Werth aus den tychonischen Elementen, und dann den Werth $R = 1$; dadurch erhält er Grenzwerthe für die Excentricität $e$, welche ihn zum Verwerfen der stellvertretenden Hypothese veranlassten.

15) S. 127. Dass in der Nähe des Perihel und Aphel sich die Zeiten, welche der Planet braucht um gleiche Bögen zurückzulegen, wie die Entfernungen von der Sonne verhalten, wird im Sinne der Ptolemäischen Theorie so bewiesen:

Fig. 21.

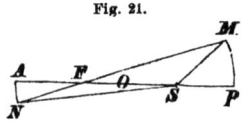

Es sei (Fig. 21) $M F N$ eine durch das *punctum aequans* $F$ gezogene Gerade, welche mit der Apsidenlinie $P A$ einen sehr kleinen Winkel bildet, so werden die Bögen

*P M* und *A N* in gleichen Zeiten zurückgelegt. Da für die Bögen *M P* und *A N* die Sehnen gesetzt werden können und $\triangle\,PMF \backsim \triangle\,ANF$ ist, so ist

$$PM:AN = FP:FA = SA:SP,$$

oder $\qquad P\,M \cdot S\,P = A\,N \cdot S\,A.$

Ist $PM = ms$, $AN = ns$ und $t$ die Zeit, in welcher der Bogen $PM$ oder $AN$ zurückgelegt wird, so sind die Zeiten, in welcher ein Bogen $s$ in der Nähe des Perihels und Aphels zurückgelegt werden, resp. $\frac{t}{m}$ und $\frac{t}{n}$; also ihr Verhältniss $= SP:SA$.

Sind $w$ und $w'$ die zugehörigen Winkel, so ist $PM = SP.w$, $AN = SA.w'$ und $w:w' = \overline{S\,A}^2 : \overline{S\,P}^2$, welche Gleichung für alle Puncte der Bahn giltig ist; denn diese enthält das zweite Gesetz.

16) S. 127. Sind $r$, $r'$ zwei Distanzen, $\alpha$, $\alpha'$ die Winkel derselben mit ihren Tangenten an die Bahn, $t$, $t'$ die Zeiten, in welchen die unendlich kleinen Bögen $l = l'$ beschrieben werden, so ist in Strenge

$$l\,r\,\sin\alpha : l'\,r'\,\sin\alpha' = t:t',\ \text{oder}$$
$$t:t' = r\,\sin\alpha : r'\,\sin\alpha'.$$

Der Fehler der Ableitung besteht darin, dass Keppler statt des Verhältnisses $r\,\sin\alpha : r'\,\sin\alpha'$ das Verhältniss $r:r'$ setzt, dann aber das Verhältniss $l\,r:l'\,r'$ für das Verhältniss der Flächen nimmt; beide Fehler heben sich im Resultate auf. Für die Apsidenlinie ist, wegen $\alpha = \alpha' = 90^0$, $t:t' = r:r'$.

17) S. 131. Projicirt man den excentrischen Kreis orthogonal auf eine Ebene, welche durch die Apsidenlinie geht und deren Neigung $\varepsilon$ durch $\sin\varepsilon = e$ bestimmt ist, so ist die Neigung der Projection des Radiusvectors im excentrischen Kreise gleich der optischen Gleichung $\varphi$.

Denn ist *M* die Projection des Punctes *L* des excentrischen Kreises, so erhält man aus dem durch die Ge-
raden *S P*, *S L*, *S M* bestimmten Dreikante, wenn $\angle LSM = \lambda$
gesetzt wird, und *v* die wahre Anomalie des excentrischen
Kreises bedeutet,

$$\sin \lambda = \sin v \sin \varepsilon = e \sin v = \sin \varphi.$$

d. h. $\lambda = \varphi$. Die Puncte *M* bilden eine Ellipse als Projection des excentrischen Kreises. Vergl. Art. 2.

18) S. 135. Der Ursprung der Harmonie der Welt
— sich äussernd in einer Tonmythe — ist bei den Pytha-
goräern zu finden. In Plato's Republik heisst es: „Auf
jeder der acht Weltsphären (Fixsternsphäre, . . Mondsphäre.
Vergl. Anm. 9) sitzt eine Sirene, die mit herumbewegt
einen Ton von sich gibt; alle acht Töne fliessen zusammen
zu einem übereinstimmenden Einklang." Cl. Ptolemäus
hatte sogar eine Harmonik verfasst, von deren 3. Buche
(vom 3. Cap. an) Keppler eine Uebersetzung liefert und
seine Resultate mit denen des Ptolemäus vergleicht. Tycho
füllte den Weltraum mit Luft, welche von den kreisenden
Weltkörpern erschüttert, die Töne erzeugt. Keppler ist
gegen die Ansicht einer musikalischen Harmonie, weil
keine Musik des Weltraums existirt und die Bewegung der
Himmelskörper keine so heftige ist, dass man sie hören
könnte. Die Harmonien können daher nur vermittelst des
Lichtes, d. i. in den sichtbaren Bewegungen der Himmelskörper wahrgenommen werden.

19) S. 138. Aus den tychonischen Beobachtungen ist
die schnellste und langsamste Winkel-Bewegung eines jeden
Planeten gegeben; durch geringe Aenderungen dieser Zahlen
erhält man harmonische Verhältnisse für die Vergleichungen
1) und 2) des Art. 59. Umgekehrt: Ist das Gesetz der

Harmonien gegeben, so erhält man aus dem Verhältnisse der schnellsten und langsamsten Bewegung die Excentricität und die mittlere Bewegung. Aus den Verhältnissen der mittleren Bewegungen erhält man nach dem dritten Gesetze die Verhältnisse der mittleren Entfernungen. Die mittleren Bewegungen bestimmt Keppler dadurch, dass er vom geometrischen Mittel aus der schnellsten und langsamsten Bewegung den halben Unterschied zwischen dem arithmetischen und geometrischen Mittel derselben Zahlen abzieht. Ist daher $g$ die grösste, $k$ die kleinste Winkelgeschwindigkeit, so ist die mittlere

$$\mu = \sqrt{gk} - \tfrac{1}{2}\left(\frac{g+k}{2} - \sqrt{gk}\right).$$

20) S. 142. Betrachtet man das Bahnstück des Kometen als eine vom Kometen gleichförmig durchlaufene Gerade, so gilt dies auch von den Projectionen auf die Coordinatenaxen. Es ist daher

$$x' - x : x'' - x' = t' : t.$$

Schafft man die Brüche weg und setzt $t + t'' = t'$, so wird

$$tx - t'x' + t''x'' = 0,\text{ und ebenso}$$
$$ty - t'y' + t''y'' = 0$$
$$tz - t'z' + t''z'' = 0,$$

welche Gleichungen aus den in Art. 15. gemachten Voraussetzungen hervorgehen, die für die praktische Berechnung nicht recht zulässig sind.

# Nachtrag.

Zum Schluss möge noch folgende kurze Bemerkung hier Platz finden.

Die Bestimmung einer elliptischen Bahn aus drei Orten stützt sich auf die Hypothesen für die Grössen $P$ und $Q$, deren genaue Werthe durch die beiden Systeme von Gleichungen

$$(1) \qquad P = \frac{\vartheta''}{\vartheta} \cdot \frac{y}{y''}, \qquad Q = \frac{\vartheta \vartheta'' \, r'^2}{y y'' \, r r'' \, \cos f \cos f' \, \cos f''}$$

$$(2) \qquad P = \frac{r \sin (v' - v)}{r'' \sin (v'' - v')}, \qquad Q = \frac{4 r'^4 \sin \frac{1}{2} (v' - v) \sin \frac{1}{2} (v'' - v')}{p \cos \frac{1}{2} (v'' - v)}$$

gegeben sind.

In der ersten Hypothese werden für $P$ und $Q$ resp. $\frac{\vartheta''}{\vartheta}$ und $\vartheta \vartheta''$ gesetzt. In der zweiten Hypothese werden die genaueren Werthe von $P$ und $Q$ nach den Gleichungen (1) gerechnet. Es hat den Anschein, als ob es viel bequemer wäre, die zweite Hypothese nach den Gleichungen (2) zu rechnen. Dies ist jedoch nicht der Fall. Nach den Gleichungen (1) berechnet man für die neuen Werthe von $P$ und $Q$ die bei der ersten Hypothese vernachlässigten kleinen Grössen besonders; die Grössen $y$, $y''$ können daher etwa mit fünfstelligen Logarithmen-Tafeln gerechnet werden, selbst, wenn die Werthe von $P$ und $Q$ auf sieben Stellen angesetzt werden. Nach den Gleichungen (2) jedoch gehen die Fehler von $r, r', r''$, $v' - v$, $v'' - v'$ der ersten Hypothese unmittelbar auf die Grössen $P$ und $Q$ über.

Dasselbe gilt auch für die folgenden Hypothesen, oder, wenn man sich bei bereits näherungsweise bekannten Bahnen aus den Elementen die erste Hypothese für $P$ und $Q$ rechnet.

Bei ganz unbekannten Bahnen kann man im Allgemeinen behaupten: Die erste Hypothese für $P$ und $Q$ liefert die Grösse $\varrho'$ — auf deren Bestimmung es hauptsächlich ankommt — bis auf einen Fehler der ersten oder (bei gleichen Zwischenzeiten) zweiten Ordnung; die zweite Hypothese bis auf einen Fehler der dritten oder vierten Ordnung, wenn die Grössen $P$ und $Q$ nach den Gleichungen (1) berechnet werden; u. s. w.

Analoges gilt bei der Bahnbestimmung aus vier Orten.